社会主义「有点潮」

《社会主义『有点潮』》节目组◎编写

人民出版社

湖南人民出版社
HUNAN PEOPLE'S PUBLISHING HOUSE

cnS
PUBLISHING & MEDIA

序

中共湖南省委常委、宣传部部长　蔡振红

　　一泻千里的大江大河，走的都是一条千回百折的路，自然界如此，人类历史也是这样。正如车尔尼雪夫斯基所言：历史的道路不是涅瓦大街上的人行道，它完全是在田野中前进的，有时穿过尘埃，有时穿过泥泞，有时横渡沼泽，有时行经丛林。

但不管多艰难、多曲折，美好的事物总能"沉舟侧畔千帆过，病树前头万木春"，终归"山重水复疑无路，柳暗花明又一村"。

　　自1516年《乌托邦》发表以来，社会主义砥砺前行的500多年，是从空想到科学、从理论到现实、从一国胜利到多国胜利的500多年，也是勇立潮头、引领潮流，在浪潮中搏击弄潮、历尽艰辛、百折不挠的500多年，更是"长江后浪推前浪""大潮奔涌逐浪高"的500多年。恰似大潮奔涌，远大的征程、宽广的天地、明确的方向、顽强的战斗力、波浪式的运动方式、螺旋式的上升势头、一步步接力奋进到胜利彼岸，始终是社会主义发展的"潮逻辑"。

潮平两岸阔，风正好扬帆。中国共产党第十九次全国代表大会以宽广的世界视野、深邃的历史站位、非凡的理论创造、强烈的使命担当、必胜的理想信念，作出中国特色社会主义进入新时代的重大论断，向全党全国发出以习近平新时代中国特色社会主义思想为行动指南，夺取新时代中国特色社会主义伟大胜利的进军令和冲锋号。这是社会主义"潮逻辑"在当代中国的最生动体现，也是社会主义"潮逻辑"在当代世界的最鲜活实践。

在党的十九大胜利召开前后，由中共湖南省委宣传部精心策划，湖南教育电视台匠心制作，人民网倾心打造，在湖南卫视、中国教育电视台、湖南教育电视台、人民网等相继播出的电视理论节目——《社会主义"有点潮"》，以"潮"的话题、"潮"的内容、"潮"的对话、"潮"的形式、"潮"的格调，力求充分反映社会主义特别是中国特色社会主义如大潮奔涌一般的"潮逻辑"。节目自播出以来，犹如一股新潮，风行台、网、端，并在十九大新闻中心大厅滚动播映，得到各方广泛好评，受到中外记者高度关注，得到中央领导同志的肯定和表扬，成为迎接党的十九大重大主题宣传的"一道亮丽风景"。

节目以献礼党的十九大为创作初衷，以坚持和发展中国特色社会主义为基调，以习近平总书记关于社会主义500年6个时间段的划分为依据，以演播厅访谈为主要形式，以多个重大标志性事件为线索，以多个重大代表性问题为导向，把波澜壮阔的社会主义发展史用一座"岛"、一本"书"、一门"炮"、一艘"船"、一个"特"、一个"梦"贯通起来,将社会主义500多年发展的历史脉络和坐标方位清晰勾勒出来,让社会主义以独特的标识、生动的形象直击心灵。节目被中央有关部门肯定为马克思主义中国化、时代化、大众化传播的一次成功实践,肯定为讲好中国特色社会主义故事的一次积极探索,被理论界认为是"中国特色社会主义'四个自信'的铿锵表达",是"中国特色社会主义故事的正确打开方式",是"党的创新理论进校园的匠心之作",既"把'有意义'的事做出了'有意思'",又"把'有意思'的事做到了'有意义'"。有热心网友看完节目后,感慨"社会主义不只有纲领和路线,也有'诗和远方'",认为"社会主义的发展史感天动地","要为自己的幸福发奋工作"。

在众多献礼党的十九大主题宣传创意和作品中,《社会主义"有点潮"》作为一档看似不起眼的理论节目,之所以能如春雷般响彻,如黑马般逆袭,得益于敢在重大时间节点聚焦重大政治主题的胆识和使命担当,得益于精到的创意、精良的制作、精致的设计、精心的推广、精干的团队,得益于节目本身接地气、冒热气、显正气、去戾气、聚人气,得益于各大传播平台的联动推广和各方面的大力支持,但归根结底是得益于信念的力量、真理的力量、主义的力量;得益于人们对马克思主义的信仰,对中国特色社会主义的信念,对改革开放和社会主义现代化建设的信心,对党中央的信赖;得益于节目对世界社会主义重大理论和现实问题及其历史规律的诠释,对中国特色社会主义强大生机活力的揭示，在本质上契合和有力呼应了党的十九大提出的一系列重大思想观点和重大科学论断。

历史表明，社会主义的发展史就是一部筑梦、追梦、圆梦的奋斗史。《社会主义"有点潮"》告诉人们，理想是用来奋斗的，社会主义如导航灯塔，从空想到科学，从一国实践到多国发展，从科学社会主义到中国特色社会主义，一直升腾着一股经久不息、奔涌向前的追梦力量。

历史表明，社会主义的发展史就是一部寻路、探路、开路的求索史。《社会主义"有点潮"》告诉人们，是良种终会生根发芽直至花繁果硕，建设社会主义犹如走一条否定之否定的"之"字形道路，在这个过程中，暂时性的曲折、局部性的倒退，是难以避免的，但历史前进的潮流终究是不可逆转的。

历史表明，社会主义的发展史就是一部英雄迭起、伟人辈出、前赴后继、气壮山河的奉献史。《社会主义"有点潮"》告诉人们，辉煌的背后有牺牲，社会主义的伟大征程就像熔炉，只有在血与火的考验中，才能炼就真钢真金般的坚定信仰，才能造就一批又一批敢为社会主义献身的"真人"。

历史表明，社会主义的发展史就是一部真理越辩越明的斗争史。《社会主义"有点潮"》告诉人们，青山遮不住，毕竟东流去，社会主义就像燧石，谬论敲击它越厉害，谣言中伤它越狠毒，它真理的光辉就越耀眼，它迸发的真理力量就越强大。

历史表明，社会主义的发展史就是一部不断凝聚自信、坚定自信、升华自信、彰显自信的创造史。《社会主义"有点潮"》

告诉人们，社会主义正如"是金子在哪里都会发光"，只要与实际相结合、与时代同进步、与人民共命运，只要始终坚持真理、修正错误，就能保持强大生机活力。

历史表明，社会主义的发展史就是一部不断续写新篇章的接力史。《社会主义"有点潮"》告诉人们，社会主义恰似一幅恢宏的历史画卷，在500多年的历史长河中，伟大的中国共产党和中国共产党人，虽然没有书写世界社会主义的开篇，却浓墨重彩地谱写了世界社会主义发展的新篇章，并将继续书写更加辉煌、更加精彩的一笔。

清末启蒙思想家龚自珍说："欲知大道，必先为史。"其所谓"大道"者，即"人间正道"。波澜壮阔的社会主义发展史，不仅承载着、开拓着、延伸着人类社会发展的"大道"，而且深刻影响着社会主义的现在和未来。对社会主义发展史，以直击心灵的方式进行深入挖掘、认真梳理、总结升华，对夺取新时代中国特色社会主义伟大胜利，是一笔巨大的精神财富。我想，这也是《社会主义"有点潮"》节目的价值旨归。应观众朋友特别是青年朋友再三要求，本书编写组把节目嘉宾访谈内容以原生态形式呈献给大家，并配以图片、二维码及相关理论评论文章，也是为进一步放大这一价值。我相信，尽管书中的对话没有了音色和颜值作配，但思想只要不失去真理这个后盾，不失去语言这个翅膀，依然能够感染、感动读者。

"江山代有才人出，各领风骚数百年。"每个人都在书写历史，每个民族都在书写历史，我们的先驱在社会主义已经走过的 500 多年里，写下了辉煌的历史，创造了伟大的业绩，令我们高山仰止、景行行止。如今，中国特色社会主义进入新时代，新时代呼唤一批又一批时代的弄潮儿以永不懈怠的精神状态和一往无前的奋斗姿态，把中国特色社会主义继续推向前进，把世界社会主义继续推向前进。正如一首歌所唱的那样："一年年花开花落，冬去春来草木又蓬勃；一页页历史翻过，前浪远去后浪更磅礴。"

是为序。

2017 年 11 月

目　录

001

引　言
人间正道是沧桑

—— "社会主义'有点潮'"之分析框架

中共湖南省委宣传部副部长　肖君华

　　为迎接党的十九大胜利召开，中共湖南省委宣传部从 2017
年年初开始组织和筹备"社会主义'有点潮'"系列主题活动，
包括开展"社会主义'有点潮'"征文、演讲比赛、主题歌征
集和电视理论节目制作。组织开展这一主题活动，是讲好中国
特色社会主义故事的现实需要，是坚定中国特色社会主义"四
个自信"的现实需要。因此，从理论上论证和阐释好社会主义
"有点潮"，既是工作需要，也具有重大理论和实践意义。

一、为什么是"有点潮"：一个总体评价

　　纵观人类文明前行的历史，我们会发现，它就像一条奔腾

的江河，川流不息，亘古不变，时而飞流直下，时而缓缓流动，时而千回百转，唯一不变的是，不管其间有多少阻隔，浩浩历史长河总是呼啸向前。社会主义自诞生以来，不仅掀开了人类历史的崭新一页，也谱写了人类历史的光辉篇章。用"有点潮"一词形容社会主义并非我省首创。根据《中国青年报》公开报道，2016 年 5 月长安街读书会、团中央"青年之声"学习者服务联盟、中国人民大学出版社、中信出版社在清华大学联合举办"社会主义'有点潮'——重读马克思，登大道之行"主题论坛。之后，全国一些高校开展了"社会主义'有点潮'"主题团日活动和相关学术讨论。"潮"一字内涵丰富，不同地域的人们对"潮"的理解有所不同，既有褒义又有贬义。比如，在传统语境中，"潮"在南方多是褒义，而在山东、甘肃等地可能有不少贬义的理解。但在新的时代条件下，随着"有点潮"这一网络语的流行，人们特别是青年学生越来越倾向用"有点潮"来形容和评价新鲜和美好的事物，彰显的态度是鲜明的、肯定的、善意的，也是具有坚实学理支撑的。这个坚实的学理支撑，要从三个维度来看。

（一）从理论维度看，社会主义实现了从空想到科学、从一源到多流的飞跃

1516 年，托马斯·莫尔《乌托邦》的发表，标志着空想社会主义的诞生。1848 年，马克思、恩格斯《共产党宣言》的发

表，标志着科学社会主义的诞生。至此，在人类追求理想社会的道路上艰辛跋涉了 332 年的空想社会主义，完成了从空想到科学的转变。但由于不同时期，人们对社会主义思想认识的不同，在社会主义运动史上，曾经发生过多次组织上的分裂，形成了各色各样的社会主义派别和思潮。比较大的一次分裂发生在第一次世界大战后，也就是科学社会主义和民主社会主义的分道扬镳与长期对立对抗。某种程度上可以说，正是这种对立对抗奠定了后来社会主义遍布世界、多家竞争、齐头并进的基本格局和态势。英国学者格里菲斯于 1924 年在伦敦出版的一本名为《什么是社会主义？》的论文集中，列举的关于社会主义的定义就有 200 多种，也有学者提出 17 世纪以来关于社会主义的定义达几百种之多。在当代，社会主义思潮和号称"社会主义"的派别确实很多。社会主义从"一源"到"多流"的发展，极大推动了社会主义思想在世界的广泛传播和深入实践。但需要指出的是，"流"也有主干与枝杈、主流与支流之分，有的枝杈、支流走得太偏、太远，可能就流到别的"流"上去了，而不再属于它原来的那个"源"。就像人走路，一开始就走偏了、走错了，在错误的路上走得越远，越不知道回来的路，越可能走上不归路。民主社会主义作为社会主义的一股思潮、一个流派，虽然有"社会主义"之名，但自从它与科学社会主义分道扬镳后，在修正主义的道路上越走越远，早已流到资本主义的大江大河中去了。民主社会主义从根本上否定科学社会主义的基本原则，它本质上是一种资本主义的意识形态。中国特色社会主义虽然被赋予了鲜明的"中国特色"，但它从根本上遵循了科学社会主义的本质规定和基本原则，它本质上是科学社会主义，而不是别的什么主义。像中国特色社会主义这样与科学社会主义一脉相承的社会主义，不仅让科学社会主义这一"源头活水"长流，而且让科学社会主义在当代世界焕发勃勃生机。当前，中国特色社会主义已经不可逆转、不可替代地成为科学社会主义发展长河的主干与主流，科学社会主义的浩浩江河在当代中国"潮平两岸阔，风正一帆悬"的发展态势正助推科学社会主义在当代世界越走越宽广。

（二）从空间维度看，社会主义实现了从无到有、从一国到多国的飞跃

在夺取政权方面，1847 年建立"共产主义者同盟"之后，1848 年就迎来了革命的春天。在 1848 年无产阶级和资产阶级第一次搏斗中，无产阶级没有能够夺取政权。在革命失败后又经过 20 多年的准备和积聚力量，到 1871 年巴黎公社革命期间，无产阶级第一次夺取了政权，第一次建立了无产阶级国家的雏形。然而，这个雏形只存在了 72 天。巴黎公社失败后，又经过 40 多年的准备和较量，到 1917 年取得十月革命的胜利，建立了社会主义国家。到第二次世界大战结束，很多国家的共产党乘胜追击，又在东亚和东欧建立了十几个社会主义国家。20 世纪 20 年代初，全世界已有多个国家建立了共产党，国际共产主义运动突破了欧

美和北美洲的范围，扩展到了大洋洲、南美洲、亚洲和非洲，真正具有了世界规模。近百年后，目前世界上仍有相当数量的保持共产党名称或坚持马克思主义性质的政党，其中执政的共产党有5个（中国、越南、古巴、朝鲜、老挝）。仅就共产党党员数量看，1847年马克思、恩格斯创立"共产主义者同盟"时，世界上才出现第一个具有无产阶级性质的政党，约400名党员。经过近100年的发展，到1945年第二次世界大战结束时，世界上有70多个共产党、2000多万名党员。到目前，现有社会主义国家的共产党党员总数有9860多万人，其中，中国共产党党员有8900多万人，越南共产党党员约450万人、古巴共产党党员约100万人、朝鲜劳动党党员400多万人、老挝人民革命党党员10多万人。除了社会主义国家外，世界上其他国家的共产党组织共有党员约850万人。加起来，目前世界上约有一亿零七百一十多万名共产党党员，约占世界总人口数的1.42%。总的看，这些数量是巨大的，这些变化是巨大的。在当代世界，有如此高度统一的政党名称的，除了共产党，别无其他；有如此之广覆盖面的，除了共产党，别无其他；有如此之多党员数量的，除了共产党，别无其他。

（三）从实践维度看，社会主义实现了从一种模式到多种模式、从初步探索到不断深化的飞跃

世界上第一个社会主义国家即苏联诞生后，在长期的社会主义实践中，形成了苏联社会主义模式。苏联模式虽然有不少弊端

（特别是在后期其模式逐渐陷入教条主义之中，日益僵化腐朽），但不能否认，苏联模式对于巩固和保卫新生的社会主义政权功不可没，对于世界反法西斯战争的胜利功不可没，对于形成和壮大社会主义阵营功不可没。斯大林逝世后，南斯拉夫、匈牙利、波兰、捷克斯洛伐克等（除阿尔巴尼亚外）东欧社会主义国家逐渐拉开了社会主义改革的序幕，取得过令人瞩目的成就。中国、越南、古巴等社会主义国家也开始探索适合本国国情的社会主义道路。社会主义由一种模式发展到多种模式。特别是在东欧剧变、苏联解体后，中国吸取正反两方面的经验教训，不断坚持和发展中国特色社会主义，成功开辟出具有世界影响和世界意义的中国特色社会主义道路。现在，坚持社会主义的中国，已经成为世界第二大经济体、第二大对外直接投资国、最大货物出口国、最大外汇储备国、最大旅游市场，成为影响世界政治经济版图变化的一个主要因素。在 21 世纪，中国以雄厚的力量当之无愧地成为世界社会主义发展振兴的中流砥柱和旗帜引领。社会主义在中国的实践及新发展，中国特色社会主义对科学社会主义的伟大贡献，促使世界资本主义与世界社会主义力量对比在 21 世纪发生新变化、呈现新格局。总的来看，世界资本主义在其发展的长周期中开始进入规模较大的衰退期，而世界社会主义虽然总体上仍然处于东欧剧变、苏联解体之后的低潮期，但以中国特色社会主义发展取得的巨大成就为主要依托和标志，开始进入世界社会主义发展长周期的上升期。

历史和现实表明，自托马斯·莫尔的《乌托邦》诞生以来，500 多年间，世界社会主义纵使长途跋涉，终能惊涛拍岸；纵使一波三折，终能迂回前进；纵使千山万重，终能大江东去。"潮"是一种自然现象，潮来潮去、潮起潮落、潮进潮退是自然界的永恒规律，不可逆转。作为一种社会现象，500 多年来，社会主义从无到有、从小到大、从弱到强的历史，社会主义从空想到科学、从理论到现实、从一国胜利到多国胜利的历史，就是一部在暗潮中催生新潮、在寒潮中涌动春潮、在低潮中孕育高潮、在浪潮中持续弄潮并傲立潮头的历史，就是一部潮去潮又来、潮落潮又起、潮退潮又进的历史。可见，世界社会主义的 500 多年，不仅有很多"潮"与之相伴而生、共进共舞，它本身就是一部川流不息、新潮迭涌、螺旋式上升、波浪式前进、令无数追随者心潮澎湃的"有点潮"的历史。

在这档"三新"进校园电视理论节目《社会主义"有点潮"》的选题论证中，我们还征集到"社会主义潮得很""社会主义真的潮""社会主义真潮哇"等节目名称。考虑到社会主义是人类社会发展的必然走向，既不是西方国家所诬蔑的"早产儿"，也不是违背客观规律的"世间另类"，经组织省内外专家论证，大家普遍认为用既符合网民习惯又有坚实学理支撑、内涵外延丰富又比较中性的"社会主义'有点潮'"作为节目名称，既充满正能量和创意，又有利于增强节目的吸引力亲和力传播力，总体上能够客观理性地充分彰显社会主义特别是中国特色社会主义的内在品质、远大前途和强大生命力，能够形象生动地充分反映社会主义特别是中国特色社会主义的过去、当下与未来。

二、"有点潮""潮"在哪里：一个历史考察

习近平总书记指出："社会主义从来都是在开拓中前进的。"具体地历史地考察社会主义"有点潮"，要从历史长过程来看，既要立足当时的时代背景，又要立足与资本主义的对比，还要立足社会主义本身的历史发展。需要指出的是，我们在日常生活中讲到的"社会主义"，有不同的指谓和含义，在不同的场景下，我们可能会突出它的某个方面：比如它可以是一种空想也可以是一种理想，它可以是一种思潮也可以是一种理论，它可以是一种运动也可以是一种实践，它可以是一种制度也可以是一个过程，等等。具体考察社会主义"潮"在哪，我认为要重点把握六个方面。

（一）要把握作为一种理想的社会主义"潮"在哪

"空想"是相对"科学"而言的，空想社会主义虽然称为"空想"，但它首先是一种理想。当然，科学社会主义也是一种理想。作为一种理想，我认为社会主义至少"潮"在两个地方。

第一，社会主义从来不是小家、小资、小气的小理想，从来都是远大、宏大、伟大的大理想。空想社会主义一诞生，就有宏大的愿望。恩格斯在 1880 年写的《社会主义从空想到科学的发展》这部名著中，讲到空想社会主义的缺陷时，鲜明地提

出：他们"并不是想首先解放某一个阶级，而是想立即解放全人类"。这从另一个侧面体现了空想社会主义理想的远大。科学社会主义继承了空想社会主义的宏愿，提出要建立"自由人的联合体"，提出要实现人的自由而全面的发展，提出要实现无产阶级和人类的解放，并科学设计了这一理想的实现路径，这是多大的理想啊！与柏拉图哲学家治国的"理想国"相比，与亚里士多德的"理想城邦"相比，与老子的"小国寡民"理想相比，与孔子的"大同世界"相比，与陶渊明的"桃花源"相比，同样作为理想，社会主义这个理想要远大得多、宏大得多、伟大得多，也要深刻得多。

第二，作为远大、宏大、伟大的大理想，社会主义从来不是虚无缥缈的梦幻，它在一代又一代志士仁人接力奋斗下已经胜利实现。反观历史，美好的理想林林总总，哲学家治国的理想实现了吗？陶渊明的"桃花源"找到了吗？都没有！而社会主义实现了。就理想来说，人无我有、人有我优、人优我先实现了，这就是"潮"！

（二）要把握作为一种思潮的社会主义"潮"在哪

作为一种思潮，社会主义至少"潮"在这么三个方面。

第一，社会主义思潮在资本主义思想启蒙运动前就早早地诞生了，早于自由主义这一资本主义意识形态诞生 200 多年——资产阶级启蒙思想家孟德斯鸠、狄德罗、伏尔泰、卢梭都是 17、18 世纪的事了。

第二，社会主义不仅在社会主义国家是处于主导地位的意识形态，在资本主义国家也有很大市场。2017 年，《红旗文稿》上曾刊登了一篇题为《从桑德斯的"社会主义"看"美国社会主义例外论"》的文章。文章指出，"在世人看来，美国一直是资本主义的大本营。但是 2016 年上半年，主张'社会主义'的伯尼·桑德斯却在好几个州的初选中击败了自己的竞争对手、政治豪门希拉里·克林顿"，由此在美国社会刮起了一股"社会主义"旋风。对于一个百余年来一直被学者普遍定性为"社会主义例外"的国家、一个 20 多年前还宣称"历史终结于自由民主主义"并将社会主义严重污名化的国家来说，这种现象似乎有些反常。但是，如果透过这种现象考察其背后的历史逻辑，就会发现事实并非看似那般"反常"。对此，该文列举了一系列数据：早在 2011 年，美国皮尤研究中心的调查显示，30 岁以下的美国人中有 49% 积极看待社会主义；2016 年《波士顿环球报》在美国新罕布什尔州初选前的调查显示，35 岁以下的选民中有超过 50% 的人自称是社会主义者。最后，文章落脚到这样一个有说服力的结论上，即虽然在美国历史上，作为运动的社会主义并不成功，但这只能说明美国为什么没有苏联式的社会主义、没有其近邻南美地区式的社会主义、没有原本属于其远亲的欧洲式的社会主义，而不能得出"美国社会主义例外论"，即"美国没有社会主义"的结论！实际上，美国曾经吸引了世界各国各派的"社会主义者"远离自己的祖国而来到这里进行社会主义实验，其中就包括伟大的空想社会主义者欧文。

第三，越是社会面临危机的时候，自由主义作为资本主义的意识形态越受到批判，社会主义越受到追捧，社会主义思潮也越活跃。比如，1929—1933年发生了世界经济大危机，罗斯福就任美国总统后，为克服严重的经济危机而实行的"罗斯福新政"，就被前总统胡佛攻击成"社会主义异端"，在美国国会关于《社会保障法》的听证会上，有人甚至高喊："这个法案是从《共产党宣言》第18页逐字逐句抄来的！"又如，2008年世界金融危机以来，《共产党宣言》《资本论》等马克思主义经典著作热销，资本主义世界开始"重读马克思""反思马克思"，这些都是证明。在这个世界上，如果有这么一种思潮，当人们说它已经没有生命力的时候，它反倒会一次又一次地被人拾起，这一种思想，无疑首先就是社会主义。在这个世界上，如果有这么一种思想家，当人们宣称他的时代已经远去，他反倒会一次次整装归来，这一种思想家，无疑首先就是马克思主义经典作家。

（三）要把握作为一种理论的社会主义"潮"在哪

作为一种理论，我认为社会主义"潮"在这么三个方面。

第一，"潮"在站得高。科学社会主义一诞生，就牢牢占据着真理和道义的制高点。说它占据着真理的制高点，是因为科学社会主义对资本主义的揭露最深刻，发现了人类历史的发展规律，即唯物史观和剩余价值，在这方面，没有其他理论能与之比肩。说它占据着道义的制高点，是因为科学社会主义对劳苦大众的命运最关切，它在劳苦大众自身命运"寒潮"来袭之时涌动理论的春潮，不失时机地指引并促成一批又一批劳苦大众翻身解放。在这方面，也没有其他理论能与之比肩。

第二，"潮"在接地气。社会主义作为一种理论，从来不是教条，它与俄国实际相结合产生了列宁主义，与中国实际相结合相继产生了毛泽东思想和中国特色社会主义理论体系，这都说明，社会主义理论具有强大的调适性。

第三，"潮"在力量大。社会主义从来不是"书桌上的摆设"，它从来都是批判的武器和改造世界的强大工具。习近平总书记在庆祝中国共产党成立 95 周年大会上的讲话强调，中国共产党以马克思主义和科学社会主义为指导，实现了中国从几千年封建专制统治向人民民主的伟大飞跃，实现了中华民族由不断衰落到根本扭转命运、持续走向繁荣富强的伟大飞跃，实现了中国人民从站起来到富起来、强起来的伟大飞跃。这三个"伟大飞跃"，体现了社会主义作为理论的强大威力。与之相比，我们曾经选择过、曾经实验过的其他主义、其他方案，如自强运动也好，改良主义也好，中间道路也好，西方资本主义的其他种种方案也好，都没能完成中华民族救亡图存的民族使命和反帝反封建的历史任务。正如习近平总书记所指出的："只有社会主义才能救中国，只有中国特色社会主义才能发展中国。"这两个"只有"、两个"才能"，充分表明了社会主义在革命中的中国、在建设中的中国、在改革中的中国是多么有威力，多么"潮"！

（四）要把握作为一种运动的社会主义"潮"在哪

作为一种运动，社会主义"潮"在这么三个方面。

第一，社会主义运动从来都有一股中坚力量的承载，而不是"树倒猢狲散"。十月革命前，世界社会主义运动的中心在西欧。十月革命后，这一中心迅即转移到俄国。苏联解体后，中国成为世界社会主义的中流砥柱。

第二，社会主义运动从来都有高扬的旗帜引领。"当资本主义发展到弊端百出，要求摆脱它的束缚、创造新的社会形态的工人阶级斗争登上舞台而人类文明的进步也已经提供足够思想前提的时候，马克思和恩格斯出现了；在帝国主义瓜分世界的战争中，进步人类要求结束这种战争的时候，出现了列宁；在中华民族陷入民族灭绝的危难的时候，出现了毛泽东。"在当前中华民族伟大复兴的关键阶段，以习近平同志为核心的党中央则带领大家"撸起袖子加油干"。可以说，当红色历史需要"马克思"的时候，它就会创造出属于那个时代的自己的"马克思"。

第三，社会主义运动虽不是一帆风顺的直线运动，但它从来都是知难而进、迎难而上，它从来都善于捕捉机遇，在薄弱环节率先突破。比如，社会主义没有在德、法、英、美等资本主义发达国家取得胜利，而是在俄国这个当时资本主义的薄弱环节率先取得胜利。再比如，中国革命不像十月革命那样是

013

在城市首先取得胜利，而是在广大农村地区这一当时反动统治的薄弱环节率先取得突破。说到把握机遇，这里还有一个关于《共产党宣言》的插曲。1872年3月，德国社会民主党领袖李卜克内西、倍倍尔因莫须有的叛国罪被起诉，让人出乎意料的是，起诉书把《共产党宣言》的内容也写进了法庭审讯笔录。当时以马克思主义为指导的社会民主党人抓住这次机会，第一次把《共产党宣言》作为法庭审理记录的一部分进行了合法的大量出版，也使《共产党宣言》获得了意想不到的宣传。

（五）要把握作为一种制度的社会主义"潮"在哪

作为一种制度，社会主义制度除了有利于解放和发展社会生产力、有利于维护和促进社会公平正义这些显著优势之外，还有以下三个方面需要特别指出。

第一，能够目光远大谋大事。在中国，我们有"两个一百年"奋斗目标，有"三步走"战略，有"四个全面"战略布局，有"五位一体"总体布局，还有十三个"五年规划"，等等，这些都是谋长远管长远为长远的。而西方国家的政治是一种选举政治，在野党和执政党轮流坐庄，为了迎合短期选举利益，往往牺牲长远利益。

第二，能够集中力量办大事。1918年至1920年，西方多国入侵俄国，结果是俄国胜利；1942年至1945年，法西斯德国入侵苏联，结果是苏联以伤亡2700万军民的代价赢得胜利。在冷战期间，苏联创造了多个世界第一，成为世界上唯一一个曾经能够与美国比肩的国家。在中国，集中力量办大事的这个优势表现得更突出。我们抗洪救灾、抗震救灾，发展载人航天，集中力量搞建设，无不体现了社会主义制度集中力量办大事的优势。反观资本主义，其制度固有的缺陷导致在办事情时扯皮的多，效率低下。

第三，能够自我完善成大事。从世界历史发展进程看，作为一种制度存在，社会主义才有 100 年的历史，还处在幼年期。如果把 1689 年英国的《权利法案》的颁布作为资本主义制度确立的开端，那么作为一种制度存在，资本主义已经有 328 年的历史了。虽然有 300 多年的历史发展，但资本主义在经济危机面前，始终没有解决的有效方法。用马克思的话说，"资本主义天生具有不可调和的矛盾"。社会主义制度虽然年轻，但由于具有强大的自我净化、自我完善、自我革新、自我提高能力，未来将不断走向成熟。

（六）要把握作为一种实践的社会主义"潮"在哪

实践是前进的动力和源泉。虽然社会主义有多种含义，但作为一种实践的社会主义，我认为是最能彰显社会主义"有点潮"的。作为一种实践，社会主义一直在世界历史发展的时代大潮中弄潮并傲立潮头，这个"潮"体现在社会主义革命、建设、改革的方方面面。这是一个常态，也是一个时态，同时也是一个总的状态和基本态势。

三、"有点潮"如何而来：一个当代解读

2013 年 1 月 5 日，习近平总书记在新进中央委员会委员、候补委员学习贯彻党的十八大精神研讨班上深刻指出："社会主义思想从提出到现在，经历了六个时间段：空想社会主义产生和发展，马克思、恩格斯创立科学社会主义理论体系，列宁领导十月革命胜利并实践社会主义，苏联模式的逐渐形成，新中国成立后我们党对社会主义的探索和实践，我们党作出进行改革开放的决策、开创和发展中国特色社会主义。"习近平总书记的这一重要论述，高度概括了社会主义的接力探索历程，深刻阐明了社会主义"有点潮"的基本历史脉络。习近平总书记还指出，中国共产党领导中国人民取得的伟大胜利，"使具有 500 年历史的社会主义主张在世界上人口最多的国家成功开辟出具有高度现实性和可行性的正确道路，让科学社会主义在 21 世纪焕发出蓬勃生机。"习近平总书记的这一重要论述，深刻指出了中国特色社会主义的伟大历史贡献，深刻阐明了社会主义"有点潮"的一个重要秘密所在。世界社会主义从诞生到现在一共经历了六个时间段，其中两个时间段是由中国接力推进，并正在由中国力量继续向前推进。在当代世界，可以说，没有中国特色社会主义的成功开创，没有中国特色社会主义中流砥柱作

用的发挥，没有中国共产党毫不动摇坚持和发展中国特色社会主义，社会主义可能还会在发展的下行周期徘徊更长时间，而不是在短期内实现潮落潮又起、潮去潮又来、潮退潮又进。社会主义"有点潮"如何而来，我认为社会主义"有点潮"是从"五个统一"中走出来的。

（一）从源与流的辩证统一中走来："问渠那得清如许，为有源头活水来"

中国共产党在探索和推进中国特色社会主义的过程中，始终坚持正本清源，自觉划清"四个重大界限"，也就是自觉划清马克思主义同反马克思主义的界限；社会主义公有制为主体、多种所有制经济共同发展的基本经济制度同私有化和单一公有制的界限；中国特色社会主义民主同西方资本主义民主的界限；社会主义思想文化同封建主义、资本主义腐朽思想文化的界限。通过正本清源，我们既继承了科学社会主义的精神，又做到了让科学社会主义源远流长。

（二）从向与量的辩证统一中走来

从向度来看，我们的最终奋斗目标是建立共产主义社会，但从量度来看，我们还处在社会主义初级阶段。在实践中，我们没有急于一口吃成个大胖子，不切实际地"跑步"进入共产主义社会，也没有因处在社会主义初级阶段而放弃共产主义理想，而是旗帜鲜明、大张旗鼓地将马克思主义、中国特色社会主义、共产主义"三位一体"结合起来讲。我们也没有因处在社会主义初级阶段，因社会主义初级阶段的长期性，就不思进取、不作为，而是充分认识到我们现在建设的社会主义还是有待进一步发展的社会主义，立足社会主义初级阶段这个最大实际、最大国情，我们撸起袖子加油干，既不断积累社会主义对资本主义的优势，又不失时机促成社会主义初级阶段中共产主义因素的增长，做到了不忘初心、继续前进。

（三）从进与退的辩证统一中走来

社会主义 500 多年有进也有退，习近平总书记的六个阶段就是从"进"的维度讲的。从退的维度看，有东欧剧变、苏联解体。从我们党的历史看，中国共产党的 90 多年，既取得了抗日战争胜利、解放战争胜利、社会主义改造胜利、进行改革开放取得社会主义现代化建设伟大胜利等辉煌成就，也经历过大革命的失败、反"围剿"的失败、"大跃进"和人民公社化运动的错误等严重挫折。但我们没有在得意时忘形，也没有在失意时不振，而是始终坚持进与退的辩证法，在东欧剧变、苏联解体等严峻形势面前始终保持战略定力和政治定力，做到了"已是悬崖百丈冰，犹有花枝俏"，做到了"山重水复疑无路，柳暗花明又一村"。诗人汪国真的《留言》有几句说得好："我走了，是为了以一个崭新的面貌回来，就像树木抖落了黄叶，是为了春天以更葱茏的形象，走向大地的期待。"我想，用这几句来形容社会主义在中国再合适不过了。历史和现实表明，社会主义在中国可能在某个时段会有挫折，但挫折之后，它无不是以一个更有力、更成熟的形象走向新的征程、走向新的辉煌。

（四）从破与立的辩证统一中走来

俗话讲，不破不立，有破有立。恩格斯说："马克思的整个世界观不是教义，而是方法。它提供的不是现成的教条，而是进一步研究的出发点和供这种研究使用的方法。"比如，列宁的"社会主义一国胜利论"对马克思的"社会主义多国胜利论"就是有破有立。毛泽东的"农村包围城市、武装夺取政权"思想对列宁"城市包围农村、武装夺取政权"的做法就是有破有立。在中国特色社会主义探索和建设过程中，我们提出发展社会主义市场经济，实行以公有制为主体、多种所有制经济共同发展的经济体制，等等，这些都是史无前例的有破有立。这些破与立，赋予了社会主义鲜明的时代特色和旺盛生命力。

（五）从体与用的辩证统一中走来

这个"体"就是科学社会主义基本原则，比如坚持共产党的领导，掌握国家政权，建立社会主义制度等。具不具备这个"体"，是判断是否坚持走社会主义道路，是否是社会主义国家的基本标准。中国特色社会主义与科学社会主义是什么关系？应该说这个问题的答案是明确的。因为党的十七大、十八大对此都有清晰的表述：中国特色社会主义，既坚持了科学社会主义基本原则，又根据中国国情和时代特点赋予其鲜明的中国特色。这就是说，中国特色社会主义是科学社会主义基本原则同当前中国具体国情相结合的结晶：它在本质层次上，就是科学社会主义，而不是别的什么主义；在科学社会主义基本原则怎样创造性地付诸实践的层次上，则根据中国国情和时代特点，具有鲜明的中国特色。中国特色社会主义，并不是一种有别于科学社会主义的"独立形态的社会主义"。"中国特色"，不是就本质层次说的，而是就科学社会主义基本原则的实现形式而言的。否定了科学社会主义基本原则，就挖掉了中国特色社会主义的根。坚持体与用的辩证统一，就是使科学社会主义与本国实际相结合，赋予其鲜明的民族特色，也就产生了社会主义探索和建设的不同路径。

四、"有点潮"潮涌何处：一个未来展望

500多年来，社会主义历经坎坷，但始终是朝着真理之潮、正义之潮、道义之潮而来而进而上。

真理之潮，就是人类走向共产主义是历史发展不可逆的总

趋势。这个总趋势尽管是漫长的曲折的，却是不可逆的。马克思、恩格斯提出的"两个必然"的重要思想和"两个决不会"的重要论断，深刻揭示了社会主义代替资本主义的历史必然性和长期性。马克思、恩格斯在《共产党宣言》中论证了"资产阶级的灭亡和无产阶级的胜利是同样不可避免的"（一般简称"两个必然"）这一重要结论；马克思在1859年写的《〈政治经济学批判〉序言》中提出："无论哪一个社会形态，在它所能容纳的全部生产力发挥出来以前，是决不会灭亡的；而新的更高的生产关系，在它的物质存在条件在旧社会的胎胞里成熟以前，是决不会出现的"（一般简称"两个决不会"）。

正义、道义之潮，就是社会主义作为一种超越资本主义的先进思想，它所追求的消灭剥削、实现社会平等，实现每个人自由而全面的发展，实现人类彻底解放，永远占据着人类道义的制高点。这是社会主义始终具有莫大吸引力的根本原因。东欧剧变、苏联解体后，虽然社会主义国家的数量减少了，但社会主义的实践并没有止步。一些社会主义国家在总结反思中，继续探索适合本国国情的建设道路；一些资本主义国家的社会主义政党陆续发出声音，宣扬社会主义性质的理念和政策。《红旗文稿》刊发的《从桑德斯的"社会主义"看"美国社会主义例外论"》一文，指出了美国2016年中一个看似反常的现象，即"伯尼·桑德斯现象"。桑德斯，"这位74岁的白发老人，没有名气，没有财力，没有体制支持，没有年龄优势，还遭到民主党建制派的为难甚至'下绊'。就是在这种情况下，他从宣布参选起就拒绝企业或个人的大笔捐赠，靠人均 27 美元的小额捐赠将预选进行到最后时刻"。他是美国历史上第一位信奉社会主义的参议员，是第一位以社会主义理念竞选总统的人。桑德斯"拒绝打民粹牌、恐惧牌，而是号召进行一场'改变美国的政治革命'，创造一个代表所有人而不只是 1% 富人、以公平正义为原则的政府"。结果令人惊讶：约 800 万人掏钱助选；约 1300 万人为他投票；全美 50 个州，他赢下 23 个州。

世界社会主义 500 多年的发展给我们的启示，关键在如下三个方面。

第一，举自己的旗。这个旗就是马克思主义和科学社会主义。习近平总书记指出，"马克思主义就是我们共产党人的'真经'，'真经'没念好，总想着'西天取经'，就要贻误大事"。对我们来说，举自己的旗，就是始终坚定不移姓"马"姓"共"，始终坚定不移高举中国特色社会主义旗帜。如果把从 1921 年我们党成立到 2049 年新中国成立一百周年这段历史看作"四个约三十年"，可以这样说，从 1921 年到 1949 年这个约三十年，没有"枪杆子里面出政权""农村包围城市、武装夺取政权"的理论指引下的披荆斩棘，我们党难以走出一条中国革命的胜利之路；从 1949 年到 1978 年这个约三十年，没有毛主席《论十大关系》的理论指引下的顽强奋进，我们党难以走出一条中国社会主义建设的探索之路；从 1978 年到 2012 年这个约三十年，没有"解放思想，实事求是，团结一致向前看"

的理论指引和"实践是检验真理的唯一标准"理论大讨论下的拨乱反正、革故鼎新，我们党难以走出一条有中国特色社会主义的改革发展之路；从2012年到2049年这个约三十年，我们党在新时代中国特色社会主义理论体系的指引下，正在开启一条实现中华民族伟大复兴中国梦的复兴之路。可以说，中国革命、建设、改革的历史，就是一部始终高举马克思主义中国化旗帜的历史，就是一部靠马克思主义中国化的科学理论揭示规律、指引方向、凝聚力量的历史，就是一部用马克思主义中国化的科学理论答困惑、纾心结、解扣子的历史。我们的理论不姓"西"，不姓"儒"，而是姓"马"姓"共"。这个旗帜不能丢，在任何时候都要高高举起。

第二，走自己的路。这个路就是马克思主义基本原理与本国实际相结合。列宁践行这一理论领导俄国十月革命成功，开创了社会主义首先在一国胜利之路。毛泽东践行这一理论，把马克思主义与中国革命实际相结合，开创了农村包围城市武装夺取政权的中国革命胜利之路。习近平总书记指出："鞋子合不合脚，只有自己的脚知道。"中国特色社会主义不是西方资本主义的"洋鞋"，不是生搬硬套的"套鞋"，而是地地道道的"北京布鞋"。需要指出的是，我们绝不能将中国特色与社会主义割裂开来。当前，有一个不好的倾向，谈社会主义的人少了，谈中国特色的人多了；有的人从实用主义出发看问题，把中国的问题归结于社会主义，把成绩归结于中国特色，完全把二者割裂对立开来；有的人甚至撇掉了中国特色社会主义的本质和灵魂，大谈特谈中国特色，这无异于本末倒置、缘木求鱼，是很荒谬的。总的讲，中国特色社会主义道路不是改旗易帜的邪路，不是封闭僵化的老路，而是光明大道，必须始终坚持、不断拓展。

第三，说自己的话。这个话就是社会主义的话语体系和核心价值理念。2015 年 12 月，习近平总书记在全国党校工作会议上提出："长期以来，我们党带领人民就是要不断解决'挨打'、'挨饿'、'挨骂'这三大问题。经过几代人不懈奋斗，前两个问题基本得到解决，但'挨骂'问题还没有得到根本解决。争取国际话语权是我们必须解决好的一个重大问题。"需要特别指出的是，中国特色社会主义绝对不是为了中国特色而中国特色，中国特色只是手段，社会主义、共产主义才是奋斗目标。中国特色社会主义担负着坚定人们对社会主义与共产主义的信念，推动整个人类社会走向更加美好未来的重任。对中国特色的阐释，绝不能为了突出中国特色而造成中国特色道路与科学社会主义的割裂，给人以中国特色社会主义非社会主义的认识误区。

放眼世界，当前，处于新一轮衰退期的世界资本主义与处于新一轮上升期的世界社会主义之间的竞争与博弈更趋激烈。我们坚信，中国特色社会主义将继续以雄厚的力量引领世界社会主义走向发展振兴，中国特色社会主义将不可逆转地对世界作出更大贡献并赢得比资本主义更广泛的制度优势。总之，我们不仅要坚定中国特色社会主义的道路自信、理论自信、制度自信、文化自信，还要坚定中国特色社会主义对世界社会主义发展的担当和自信。

　　社会主义是人间正道，它来之不易，历经沧海与桑田。借用习近平总书记的话，以中国特色社会主义为中流砥柱的世界社会主义，走过了"雄关漫道真如铁"的昨天，走到了"人间正道是沧桑"的今天，也必将走向"长风破浪会有时"的美好明天。

1

乌托邦是座什么岛？

主持人：

从空想到科学，从理论到现实，从一国到多国，社会主义潮涌 500 年。今天我们在这里聊一聊社会主义——

现场观众：

有点"潮"！

主持人：

没错，社会主义"有点潮"。这里是全国首档"三新"进校园电视理论节目——《社会主义"有点潮"》的节目现场，我是主持人梅冬。说到社会主义潮涌 500 年，可能您没有想到，它其实是从一个岛开始的。为什么这么说呢？我们今天请三位嘉宾来为您讲述其中深奥的道理。掌声有请，三位嘉宾。张国祚教授！

张国祚教授：

同学们好，社会主义"有点潮"，这个问题既有意义又有意思，今天我们就和大家一起聊一聊。

主持人：

请坐，有请陈培永教授！

陈培永教授：

社会主义"有点潮"，真的、真的、真的很"潮"！

主持人：

三个真的。美女博士，蓝茵茵！

蓝茵茵博士：

大家好！

主持人：

你的粉丝好多啊！今天我们请三位嘉宾来，主要是希望你们能为大家讲述这其中的道理。

主持人：

我们的节目就从寻找这个岛开始。

「现场全息技术展现」

水　手：

噢，我这是在哪？

主持人：

寻找传说中的
乌托邦岛

这是 21 世纪，我们正在谈论你寻找乌托邦岛的这个经历呢。

水　手：

哦，天哪，乌托邦岛，让我想想。啊，我想起来了，那可是真辛苦啊！你知道吗，我差点被巨浪吞掉，忍受着饥饿，都是为了心中的完美世界。乌托邦，为什么我会如此坚定信念去

寻找它？走，我带你们去看看。

配　音：

　　大约在 500 年前，有一位水手，扬帆出海，去寻找一座传说中的岛屿。这座岛屿它像一弯新月，中间大，两头小。那里花木茂盛，景色很迷人；岛上城市与城市之间设有农作区，农田麦浪翻滚，稻谷金黄；人们在公共食堂吃饭，住在带花园的房子里；人们生来就享受着愉快的生活……

这座岛屿它像一弯新月

蓝茵茵博士：

　　这个岛还真是有点奇怪。它的形状呢，有点儿像以前我在希腊旅行时去过的圣托里尼岛，那里蓝白双色的建筑映衬着蓝天大海，非常美妙。

张国祚教授：

　　但它的美绝不仅仅是外形的美，更是它的思想内涵之美，因为托马斯·莫尔在他的著作《乌托邦》中把乌托邦岛描绘成一个非常美好且令人向往的社会——在那里没有贫富的差别、没有阶级的差别、没有剥削没有压迫，人人都是平等的。

思想内涵美

张国祚 教授
中国文化软实力研究中心主任
湖南大学马克思主义学院院长

而是它的思想内涵美

主持人：

这位水手最终能找到那座岛吗？

张国祚教授：

这名水手当时说得很清楚，他认为那座岛是一个完美的世界，为了能够找到它，他忍饥挨饿，不怕任何困难。

陈培永教授：

这位水手啊，之所以去找这个岛，开玩笑地说，是因为他不懂希腊文。在希腊文里面"乌托邦"就是"没有的地方"，去找一个根本不存在的地方，肯定是找不到的。我们中国神话故事里有一个很重要的人物——孙悟空，他能上天能下海能入地，简直神乎其神，《西游记》的作者就给他起了一个名字——孙悟空，从字面意义来理解，就是根本不存在这个人。

主持人：

嗯，空。

陈培永教授：

是的，空。我觉得这是一个人对一个个体的一种美好想象。而"乌托邦"同样也是我们现实社会中的人对美好社会的一种想象。

蓝茵茵博士：

乌托邦的英文是"Utopia"。1895 年严复在翻译《天演论》的时候，精巧地选用汉字，将这座岛译为"乌托邦"。"乌"是没有的意思，"托"即寄托，"邦"乃国家，三个字合在一起正好是"空想的国家"，或者说"乌有之乡"。"乌托邦"可谓是音译和意译的完美结合。

张国祚教授：

这个"乌托邦"虽然在当时来看，它的主张只是空想，是不能够实现的，但是，它和孙悟空还不一样，因为石猴是不存在的，而乌托邦它所倡导的思想，却是可以存在的，而且经过努力，最终是可以实现的。只是在当时因为它没有找到正确的实现之路，所以后人把它称为空想社会主义。

主持人：

虽然是空想社会主义，据说里面的内容是非常的丰富和深刻。

蓝茵茵博士：

对，乌托邦的人们虽然生活得非常简朴，但是，用我们现在的眼光来看的话，乌托邦的人们真的一点儿都不差钱。他们有珍珠、白银还有钻石，但是都拿来给小孩子们当玩具，而大块的黄金却用来打造罪犯的枷锁或者是卫生间里的马桶。

主持人：

太奢侈了！

蓝茵茵博士：

对。在《乌托邦》这本书里面还记载了这样一个故事。说有一个国家，由阿尼蒙利安人组建而成。"阿尼蒙利安"一词源于希腊语，意为"吹牛的、虚浮的"。我们不妨将这个国家称为"牛皮国"。有一次，"牛皮国"有三位使节带着100名随从浩浩荡荡地来到乌托邦，他们想炫耀自己，于是穿金戴银、珠光宝气。结果呢，却发生了戏剧性的一幕。

主持人：

什么戏剧性的一幕呢？

蓝茵茵博士：

这三位使节，不仅没有享受到贵宾的待遇，还被当作随团而来的奴隶；而真正的随团奴仆却被当作了主宾。这三位使节……

主持人：

这就很尴尬了。

蓝茵茵博士：

对。他们走在乌托邦的路上，还被乌托邦的人们调侃，有人说，你看他，他戴的这个金锁太小了，用来锁奴隶不合适；有人说，对对对，他戴的金链子太细了，锁奴隶容易断。

主持人：

我特别想知道这时候那些使节是什么感觉？

蓝茵茵博士：

我猜，应该不仅仅是惊呆了，那些使节也许整个人都是崩溃的。

主持人：

035

整个崩溃！

张国祚教授：

这是一个非常有趣的故事。我认为，通过这个有趣的故事，我们能得到三点启发。第一点启发在于，《乌托邦》的作者告诉我们，那个乌托邦社会的人们生活是非常幸福的。第二点启发在于，这个故事让当时的人们颠覆了一个价值观，什么价值观呢？那就是说，权贵可以变成奴隶，奴隶可以变成权贵，这个社会是可以改变的，可以走向人人平等。

主持人：

平等。

张国祚教授：

对。那么第三点启发说明了什么呢？说明空想社会主义还有它的认识的局限性，因为在书里它实际上描绘了一些奴隶，而在真正科学的社会主义那里，是不存在奴隶阶级的。

陈培永教授：

《乌托邦》里所描绘的乌托邦岛的人们的这种生产状态，我觉得从某种意义上来讲，也是我们应该追求的，即劳动是人的第一需要。马云在他48岁的时候做了一个讲演，说了一句话："48岁以前，我的生活是工作；48岁以后，我的工作就是去生活。"

主持人：

张老师，这个成立吗？

036

张国祚教授：

放在历史发展的长过程来看，不仅成立而且应当是一种必然。我不知道马云是不是读过马克思主义的著作，但他的这个讲法实际上也可以给我们一些启发。是什么呢？它说明空想社会主义的一些思想，实际上被马克思主义者继承了，因为马克思曾经讲过这样的话，人类到了共产主义社会高级阶段，"劳动已经不仅仅是谋生的手段，而且本身成了生活的第一需要"，这个思想就非常深刻了。

主持人：

说到刚才那个水手去寻找乌托邦岛，我倒想起了咱们中学课文曾收录的那篇《桃花源记》，里面描写了这样一种情景：土地平旷，屋舍俨然，有良田美池桑竹之属。阡陌交通，鸡犬相闻。其中往来种作，男女衣着，悉如外人。黄发垂髫，并怡然自乐。

张国祚教授：

你是不是想说这个《桃花源记》和《乌托邦》有异曲同工之妙啊？

主持人：

对啊，我就是这个意思。

张国祚教授：

在我看来，虽说它们似乎有异曲同工之妙，但仔细区分一下，这里面实际上还是有一点相同和两点不同的。相同点在于，《乌托邦》所描写的社会是人人幸福、吉祥欢乐的社会。那么《桃花源记》呢？它所描写的生活也是如此。不过，它们两者之间还是有差别的：第一，《乌托邦》它所描写的不是一个封闭的社会，而是整个人类都走向幸福生活的社会。

主持人：

大同？

张国祚教授：

对。那么《桃花源记》呢？它所描绘的，实际上是一个封闭的社会，与外界完全隔离，可谓不知有秦汉，这和《乌托邦》所勾勒的"大同"社会明显相去甚远。第二点不同在于，《桃花源记》它只是描写一种田园的风光，而《乌托邦》所阐发的是一个国家的制度应当遵循什么样的规则的问题。或者说，《乌托邦》所向往的国家制度是这样一种制度：即在其中，阶级和差别已被消灭，达到了人人平等的状态。

蓝茵茵博士：

对，这两者的比较真的让我有种时空交错的感觉。一位作者生活在中国的 4 世纪，是我们的陶渊明；还有一位呢，生活在 16 世纪的欧洲，这就是托马斯·莫尔。这两位作者在时空交错中产生了对美好社会的一种向往和追求，好像是千古知音一样的感觉。

主持人：

可不可以这样说，在我们国家的古代社会就已经有了所谓空想社会主义的萌芽呢？

陈培永教授：

我们知道，社会主义无论是空想还是科学，它一定是产生于资本主义生产方式已经出现并发展的过程中，只是在这样的历史条件下，它才可能会存在。我们不能因为中国古代有对这个美好社会的想象，然后就认定在中国古代已经有了空想社会主义的萌芽，或者说已经有了空想社会主义的思想。

张国祚教授：

空想社会主义这个概念、这个词，在我们传统文化当中，确实是没有出现过。但是，在我们的先贤那里，对那种"天下为公、世界大同"的理想追求还是存在的。比方说在《礼记》当中就有这样的说法，即"人不独亲其亲，不独子其子。使老有所终，壮有所用，幼有所长，矜、寡、孤、独、废疾者皆有所养"。

它所描绘的就是"我为人人，人人为我，大家平等"，共同追求一种大同美好之世界的愿景，但它的确不是空想社会主义。

主持人：

我很好奇，这个写出完美世界《乌托邦》的托马斯·莫尔究竟是一个什么样的人呢？

「现场播放短片」

配　音：

几乎隔了一年，亲爱的彼得·贾尔斯，我才寄给你这本关于乌托邦国的小书，为此感到颇不好意思，我相信你盼望在一个半月之内就得到此书的。

托马斯·莫尔
向彼得·贾尔
斯问好的信

蓝茵茵博士：

写这封信的人就是托马斯·莫尔，他出生在伦敦的一个贵族家庭，14岁就进入牛津大学学习，攻读古典文学。在那里他学习到了古希腊文，这使得他可以如饥似渴地去广泛阅读柏拉图、亚里士多德的作品。

张国祚教授：

一般而言，思想的发展都是既有继承也有批判。在我看来，《乌托邦》实际上是对柏拉图《理想国》的一种批判，因为在《理想国》当中，它把整个国家分成三个层次：一个是统治阶层，一个是武士阶层，一个是平民阶层。显然，这个思想和《乌托邦》的思想，那是完全对立的。

主持人：

这是一种进步吗？

张国祚教授：

这当然是一种社会历史的进步啊！但是这种社会历史进步，显然也是基于社会历史实践的深刻变化。因为到了资本主义初期，也就是资本原始积累的阶段，正是在这个阶段，阶级矛盾是非常尖锐的，资本家对工人的剥削和压榨也是非常残酷的。用马克思的话来说，那就是"资本来到世间，从头到脚，每个毛孔都滴着血和肮脏的东西"。我们可以设想一下，当托马斯·莫尔面对这样一个残酷的世界时，他会作何感想？历史给出了答案，莫尔认为这个世界需要改变，于是他就写了《乌托邦》这样一本书。

主持人：

当时复杂的时代背景和现实状况催生了《乌托邦》这本书的诞生，可以这么理解吗？

张国祚教授：

可以这么理解。

陈培永教授：

可能大家都听过一个著名的事件，这个事件就是"羊吃人"。实际上"吃人"的还是人，毋宁说是一种社会制度，或者说是资本处于原始积累阶段的那种残酷性，这就是张国祚教授刚才所描述的那个时代背景。稍微展开来说，在当时，英国的羊毛销量大增，价格大幅度提升，很多英国的贵族就把租给农民的土地收回来，开始圈地运动，把地圈起来养羊。这就导致很多农民失去自己的土地、失去自己的家园，只能开始流浪，莫尔也正是看到这种现象才会觉得这是人间的一个惨剧。

「现场播放短片」

配　音：

你们的羊一向是那么驯服，那么容易喂饱，据说现在变得很贪婪、很凶蛮，以至于吃人，并把你们的田地、家园和城市踩躏成废墟。

16世纪初期，英国资本主义原始积累过程中的"羊吃人"现象

蓝茵茵博士：

托马斯·莫尔从小就受到在皇家高等法院做法官的父亲的影响，当时他自己已经通过工作的历练成长为一位爱为平民打抱不平的律师。当莫尔看到社会上大贵族们在圈地养羊、农民们却流离失所以至于生活苦痛这一反常现象的时候，他感到非常愤怒，为农民们的遭遇深感痛心。

主持人：

他在抗争，在挣扎吗？

张国祚教授：

是在抗争，是在挣扎，更是要斗争，要用自己的思想给人们勾画一个美好的理想，让人们朝着那个目标去前进。

「现场全息技术展现」

诺福克：

托马斯！托马斯！

莫　尔：

谁？

诺福克：

托马斯。

莫　尔：

诺福克，你怎么来了？

诺福克：

我有话对你说。

诺福克：

在英国，谁不服从国王，就没有好结果。

莫　尔：

我已经再三思索考虑了，但是，我不能违背自己的良心。

诺福克：

托马斯，我怕你将要付出很高的代价。

莫　尔：

自由的代价的确很高。然而，即使是最低级的奴隶，如果他肯付出代价，也能享有自由。

托马斯·莫尔与其好友诺福克的对话

主持人：

这段对话发生在 1535 年，也正是在这一年，莫尔因为反对国王亨利八世而被处死。在临刑前，他和朋友诺福克的这段对话让人振聋发聩。"我不能违背自己的良心"，作为一名学者的莫尔，也体现了一种时代的特别担当。

陈培永教授：

是的，这充分体现出一名知识分子、一名学者的担当精神。在某种程度上我们甚至可以说，托马斯·莫尔写出的《乌托邦》，打响了世界社会主义的"第一枪"。

张国祚教授：

这种时代的担当，追寻人类美好理想的担当，不仅在英国，也不仅呈现在莫尔身上，其实世界上所有的民族，都有这样的担当。比方说，我国宋朝思想家张载就说过这样的话，即中国的知识分子要"为天地立心，为生民立命，为往圣继绝学，为万世开太平"。

主持人：

历史是进步的，《乌托邦》发表以后，在意大利的一所监狱里面，另外一个人也接过了托马斯·莫尔的空想社会主义之棒，秘密创作了另一部空想社会主义的重要之作——《太阳城》。

「现场播放短片」

配 音：

请把高傲、无知和谎言，放在我从太阳那里偷来的烈火中，销毁吧！

托马斯·康帕内拉于"黑暗"中的"呐喊"

蓝茵茵博士：

这句激昂的话就出自于《太阳城》的作者托马斯·康帕内拉。康帕内拉出生在阳光充沛的意大利南部，但是因为冒犯教会，从25岁以后，在漫长的33年中，他辗转了50多所监狱。因为长年的黑暗囚禁，阳光对于康帕内拉来说，完全是奢侈品；因为酷刑的折磨，康帕内拉最后双眼几乎失明，双腿和双手都被打断。一位修女因为同情他的遭遇，给他偷来纸和笔，就这样，他用残疾的双手，以每天只能写几行字的速度，一字一句地写下了《太阳城》。

主持人：

我想，付出这么大的代价，康帕内拉——在经历了33年的黑暗当中——他的理想到底是要建立一个怎样的国家呢？

陈培永教授：

也可能跟他的经历有关，他想建立的这个国家就叫"太阳城"，顾名思义，就是阳光普照、驱除掉一切黑暗的国家。

张国祚教授：

我认为，康帕内拉啊，他最感人的地方是什么呢？就是在一种强大理想信念的激励下，即便身处黑暗，却依旧向往光明；虽然双目接近失明，但仍写出了《太阳城》这样重要的著作，这一点是非常伟大的。

主持人：

是的，在历史的迭代当中，这种精神的正能量永远是历史前进的推手，空想社会主义者的确令人肃然起敬：托马斯·莫尔倒下了，托马斯·康帕内拉又站起来了——即使一生"转战"了 50 多所监狱，他依然追寻着光明。空想社会主义者正是这样一个接着一个，扛起了社会主义的大旗。

「现场播放短片」

配　音：

我已经不是年轻人了，我十分积极地观察和思考了一生，而为你们造福，则是我生平活动的目的。我想出了一项我认为对你们可能有益的计划。现在，我来向你们介绍这项计划。

——圣西门：《一个日内瓦居民给当代人的信》

蓝茵茵博士：

写这封信的人就是法国人圣西门，他在书中描绘的计划的核心就是一切人都应当劳动。有趣的是，圣西门他本人，却是出生在一个贵族家庭，15 岁就被封为伯爵。据说，他是欧洲之父——查理大帝的后代。1789 年，即法国大革命那年，圣西门宣告他要放弃自己显贵的姓氏和世袭的爵位，改称为公民"包诺姆"，就是"老百姓""庄稼汉"的意思。从此以后，他走向了自己所在阶层的对立面，站在了无产者一边。

045

陈培永教授：

确实是这样。不仅如此，圣西门做的事情跟他的思想，完全是一致的。尤其他的思想，对马克思影响非常大，他对未来政治、未来国家的那种预测也成为马克思思想的一个源泉。他真正地把社会主义当成他一辈子的事业，在生命即将终结的时刻，他还高声喊着一句话，这句话就是："让我们谈谈社会主义吧！"

主持人：

是的。那个时代也正是人类精神力量风云际会的一个时代。所以，就在圣西门发表其代表作的第二年，也就是 1803 年，另一位空想社会主义的代表人物傅立叶发表了著名的论文——《全世界和谐》。

蓝茵茵博士：

傅立叶这个人对社会主义的追求，可谓是既坚持又执着。在他年老体弱的时候，每天中午十二点还一定要准时回到家中。回到家中干什么呢？他急切地等待有人登门拜访，看是否愿意帮助他实施社会主义实验。他始终坚信，劳动可以把非洲的撒哈拉沙漠变为百花盛开的果园。

主持人：

可能吗？

张国祚教授：

可能！完全可能，但要假以时日和不懈的奋斗。

陈培永教授：

傅立叶和其他的空想社会主义者，对我们现在社会的影响非常大。具体来说，有两个很重要的方面，第一个就是尊重劳动，第二个就是尊重女性。特别是在女性解放的这个领域，马克思多次引用傅立叶的话，他曾有一句很经典的表述，即"女性解放的程度是衡量普遍解放的天然标准"。

主持人：

都说劳动者最光荣，但是在 18、19 世纪，欧洲各国的劳动人民都普遍遭受着残酷的剥削和压迫，他们也非常期待能够过上一种幸福平安的生活。而恰恰就在那个时候，有一个名叫"共产主义新村"的新型村庄在人们的期待当中诞生了，它的创建者正是空想社会主义的实验者——罗伯特·欧文。

蓝茵茵博士：

欧文这个人特别敢想敢做，他是一位真正的实干家，他的社会主义实验，早在接手其岳父工厂的时候就开始了。他在工厂里面缩短工人的劳动时间，还开设了托儿所、幼儿园、医院、工人食堂，甚至还设立了养老金。因此，欧文在他 20 岁刚出头的时候，就已经成为当时英国最著名的慈善家和工厂主了。

张国祚教授：

圣西门、傅立叶、欧文这三个人，可以说把空想社会主义思想推到了一个顶峰，但这三个人对空想社会主义的贡献各有区别。比方说圣西门，他对计划经济的提出，作出了贡献；而傅立叶，在尊重劳动、尊重妇女方面，对后人颇有启发；到了欧文，他开始进行实验了。他曾经带领他四个儿子到美国印第安纳州搞社会主义实验，一共大概是搞了五年吧，尽管这个实验最后失败了，但我们可以说，社会主义走向实践，是真正从欧文开始的。

蓝茵茵博士：

1829 年，欧文在美国进行的壮丽的社会主义实验失败了，他因而完全破产，而此时他已经 58 岁了，不名一文。可他没有气馁、没有放弃，仍然豪情满怀，继续去从事社会主义和谐公社的实验，还创办杂志，宣讲社会主义，直到 1845 年再次失败。在 1858 年 11 月初，87 岁的欧文，倒在了宣讲社会主义的讲台上，数日之后，欧文与世长辞。

陈培永教授：

这就是那一代人啊，或者说，就是空想社会主义者最根本的精神。虽然我们为欧文的最终失败而感到无比惋惜，但若认真分析他一生的实践过程我们也会发现一个道理：如果说没有整个社会形态的变革，光靠搞实验田，那是实现不了社会结构的演进的。欧文 80 岁的时候，做了一个演讲，来了一个非常忠实的听众，这个听众后来大名鼎鼎，那就是马克思。马克思在这次演讲中到底收获了什么我们不得而知，但从他后来事业发展的轨迹来看，马克思肯定从欧文身上学到了一些东西。

主持人：

我想，听到这里，我们很多人都会感动。圣西门、傅立叶、欧文，几乎他们每一个人都有自己对于理想国度的一个伟大构想，而且他们有的是散尽了家财，甚至耗尽了自己的生命，只是为将社会主义的理想广泛地传播给全世界。我们说了这么多历史上关于空想社会主义的故事，此刻，我们非常好奇我们身边有没有这样的乌托邦的元素呢？好，现在我们就在现场问一问我们的观众朋友们，你们自己心中的乌托邦的故事是什么呢？来，这位同学。

现场学生提问：

老师，你们好。之前您提到了一些空想社会主义思想家，但是我觉得他们为了理想，有的甚至都牺牲了，如果说要付出这么大的代价，我们还要去追求这样的理想吗？

陈培永教授：

从他们身上我们能够看到，很容易实现的理想那其实都不叫理想。他们为了实现自己认定的远大理想，确实付出了很多的代价。但今天我们年轻人的理想可能不需要你付出这么大的代价。不过，只要是想实现自己心中的理想，想要为了自己的梦想去奋斗的话，你就必须得付出。

主持人：

我们至少有个现实的理想永存在自己心间。

蓝茵茵博士：

对。一个人个体的生命，我觉得其意义，不是以长度来计算，而是以生命的厚度和它的质量来衡量的。没有理想的生活，那只是一个个体肉体性的存在，但有了理想的一种生活，它则是一种真正的生命，是对个人生活和其生存意义的一种终极追寻。就比如说这些空想社会主义者，你从表面上看，他个体的生命，他所遭受的折磨，可能显得异常坎坷。但实际上呢？他们所发展的这种理论思潮却有着无限的、超越了无数个人生命的长度和厚度，具有非常重要的意义。

张国祚教授：

一个国家没有理想，那么这个国家将是一个落后的国家。一个民族没有理想，这个民族将是个愚昧的民族。那么一个人如果没有理想，他就没有动力，他可能就浑浑噩噩，他可能就自甘庸俗、自甘堕落，他就很难达到自己的目标。所以这个理想啊，对各个民族来讲都是非常重要的。

主持人：

是的，我们始终在寻求自己内心世界的一种强大的力量。我们能够给予自己的恰恰是自己内心的理想，这是我们成长的一种正能量。

主持人：

2013年，习近平总书记明确把世界社会主义500年划分为六个时间段。其中第一个时间段就是空想社会主义的产生和发展。

蓝茵茵博士：

对。记得恩格斯在他的名著《社会主义从空想到科学的发展》中就曾这样评价空想社会主义，他说："所有这三个人（即圣西门、傅立叶和欧文——引者注）有一个共同点：他们都不是作为当时已经历史地产生的无产阶级的利益的代表出现的。他们和启蒙学者一样，并不是想首先解放某一个阶级，而是想立即解放全人类。他们和启蒙学者一样，想建立理性和永恒正义的王国。"从这个角度来看，空想社会主义其实是一种想要立即解放全人类的学说，这当然是它的缺陷所在。

主持人：

如果今天我们来回看空想社会主义的话，它究竟还是不是空想呢？

张国祚教授：

其实，这个空想现在已经变成了现实。比方说，我们中国现在正在践行的社会主义，就是以中国特色社会主义理论体系为指导的社会主义，是符合我们自己的实情、具有我们自身特色的社会主义，其取得的成就举世瞩目。你看看，每当习近平总书记出访各个国家，都会受到最隆重、最高规格的待遇。为什么？那不仅是因为习近平总书记具有超凡的人格魅力，而且也因为他背后的中国越来越强大，越来越令人向往。

陈培永教授：

马克思、恩格斯在他们之后的著作中，一方面吸取了空想社会主义理论的精华，另一方面也批判地指出了它们的缺点。例如，空想社会主义有所谓平均主义的、禁欲主义的倾向，还有一种崇尚过去农业劳动的田园牧歌式的追求。这意味着，它跟整个人类社会往工业社会、往现代文明迈进还是有距离的。在这个意义上而言，空想社会主义最突出的一个缺点，就是它和人类社会历史发展的客观进程没有达到一致。但无论如何，马克思、恩格斯从来没有批评过空想社会主义者的理想，从未忽视他们这种为了一个崇高的事业而砥砺奋斗的精神。

主持人：

历史潮头当中这些"弄潮"的人们，他们的思想观念、他们的历史价值，可谓是永远地铭刻在了他们所处的那个历史时代。

蓝茵茵博士：

空想社会主义者，他们是那个时代真正的"弄潮儿"，为什么这么说呢？他们实际上是站在了当时那个时代的潮头，引领了人类社会历史发展的潮流。从历史发展的长线来看，像大名鼎鼎的洛克、孟德斯鸠、伏尔泰，这些名字如雷贯耳的思想家们，他们却是在托马斯·莫尔之后一个世纪的人。

主持人：

这些人都是时代的巨匠啊！诗人顾城曾经说过一句非常有名的话："黑夜，给了我黑色的眼睛，我却用它寻找光明。"我们完全也可以说，莫尔就是资本主义启蒙运动前夜那黑暗苍穹中指引着光明的一双"眼睛"；我们还可以说，空想社会主义者是在当时思想的黑幕里面涌动出的一股思想的新潮。

张国祚教授：

说得好，空想社会主义啊，确实是有它的历史局限性。例如，空想社会主义虽然勾画出了社会主义的美好前景，但是怎么去实现这一前景呢？它没有找到一条正确的道路。而马克思主义的贡献就在于，它找到了一条正确的道路。首先从理论上讲，它从考察商品经济出发，分析了资本主义社会的内在矛盾，清晰地揭示出资本主义社会是靠剩余价值来剥削工人阶级的社会。那么这样一种社会，到底要不要推翻它？如果不推翻，按资本的逻辑野蛮生长的话，就会使整个社会更加两极分化，穷人愈穷、富人愈富，所以一定要推翻这样的社会。而推翻这样的社会，我们需要依靠的力量又在哪里？这个力量，其实就在工人阶级自身。所以，马克思、恩格斯提出"全世界无产者，联合起来！"在他们看来，一旦无产阶级的力量能被充分地组织起来，一旦理论能掌握群众，共产主义就会逐步地得以实现。

陈培永教授：

空想社会主义者身上体现出来的那种大担当、大情怀、大理想，他们那种前赴后继的奋斗、永不停歇的追求、持之以恒的拼搏精神，才是推动人类社会的大潮一波又一波前进的精神力量。

主持人：

那是一种何等的政治勇气啊！

蓝茵茵博士：

我们从历史的角度梳理一下，是不是可以这样说：如果说1516 年，即 500 年前，托马斯·莫尔在人类的发展史上，开辟了一片神圣的土地，那么在 1848 年，马克思和恩格斯所写下的《共产党宣言》，则是在这片土地上，种下了第一颗社会主义的种子。而在 1917 年，列宁领导十月革命并取得胜利，则使这颗社会主义的种子生根、发芽、开花。

张国祚教授：

我们刚才讲了乌托邦岛，回顾了社会主义涌起之"潮"。换句话说，对于空想社会主义而言，虽然它最初"涌起"的时候还带有乌托邦的因素，还没有找到一条从理论通往实践的道路，但我们应该对它满怀赞许，青年人对它更应该充分了解。它固然是遥远的，但它所追寻的愿景也是美好的。现在我们可以对那一代空想社会主义者自豪地说，他们当初未能实现的目标，如今已经在中国实现了。只要我们在以习近平同志为核心的党中央领导下，努力奋斗、不断奉献，那么共产主义这个目标就会离我们越来越近。

主持人：

是的！今天看来，乌托邦岛已经不再是乌托邦岛了，而是正在践行的美好理想。从乌托邦所引起的社会主义思想大潮已经不是空想了。谢谢三位嘉宾，让我们深刻地认识到了乌托邦岛是一个什么样的岛，也认识到了乌托邦岛本身又不是一个什么样的岛。因为这个乌托邦一旦照进我们的现实，就将改变人类社会历史发展的进程。而乌托邦如何变成现实的理想，如何来改变我们的世界呢？这个命题也是下一期"《共产党宣言》是一本什么书？"所要回答的。感谢收看今天的节目，下期我们再见！

2

《共产党宣言》是一本什么书？

主持人：

从空想到科学，从理论到现实，从一国到多国，社会主义潮涌 500 年。今天我们在这里就聊一聊社会主义——

现场观众：

有点"潮"！

主持人：

没错，社会主义"有点潮"。这里是全国首档"三新"进校园电视理论节目——《社会主义"有点潮"》的节目现场，我是主持人梅冬。有请今天的三位嘉宾，他们是张国祚教授……

张国祚教授：

《共产党宣言》究竟是一本什么书呢？这个问题很值得探讨。

主持人：

有请陈培永教授！

陈培永教授：

社会主义"有点潮"，真的、真的、真的很"潮"！

主持人：

有请杨蕾博士！

杨蕾博士：

社会主义"有点潮"、社会主义"有点潮"、社会主义"有点潮"！重要的事情说三遍。

主持人：

书籍是伟大的天才留给人类的遗产。我们今天的话题就从一本书开始。

配　音：

一个幽灵，共产主义的幽灵，在欧洲游荡。为了对这个幽灵进行神圣的围剿，旧欧洲的一切势力，教皇和沙皇、梅特涅和基佐、法国的激进派和德国的警察，都联合起来了。

主持人：

当我们听到这段激昂的文字，大家应该很熟悉。是的，这段文字就是出自我手中的这本《共产党宣言》。这本书相信很多人都读过，今天，我们就跟大家来聊一聊这本书的"前世今生"。

张国祚教授：

《共产党宣言》，在我看来，可谓是人类文明史上永恒燃烧着的一支思想的火炬，它的出现，犹如闪电一般，刺破长空。为什么它有如此重要的意义呢？首先，我们要知道《共产党宣言》它意味着什么。《共产党宣言》的问世意味着马克思主义的诞生、意味着科学社会主义的诞生，意味着从此以后，一种全新的理论开始展现出它自身的面貌，开始逐步影响和改变着整个世界。在上一集中，我们已经了解了，在此之前的空想社会主义曾为人类社会的发展勾画了一幅美好的蓝图，但是这样的美好蓝图如何才能得以实现呢？圣西门、傅立叶、欧文在他们那个时代并没能够给出真正的答案。那么，是谁给出了时代的回答？是两位科学思想的巨匠——马克思和恩格斯。他们俩又以什么回应了时代所提出的问题呢？就是以这本光辉的著作——《共产党宣言》。

陈培永教授：

关于这本书的来源，我们还需要将目光投射到当时的欧洲。那时欧洲有一个叫作"正义者同盟"的组织。

主持人：

正义者同盟。

陈培永教授：

名字很高大上。

主持人：

听起来很正能量呀。

陈培永教授：

的确很正能量。这个同盟在当时是由一些鞋匠、木匠、裁缝即一些手工业者所组成的。他们虽然很信奉空想社会主义那一套追求公平、美好社会的理想，但是，他们实际所从事的工作却是靠密谋的方式来进行。当时正义者同盟的领导人约瑟夫·莫尔、卡尔·沙佩尔、亨利希·鲍威尔等人逐渐了解了马克思和恩格斯的学说，于是在 1847 年，沙佩尔签署了一份委托书，委托莫尔这位耿直的钟表匠，从英国伦敦到比利时的布鲁塞尔去找马克思和恩格斯，并与之协商。找马克思和恩格斯干什么呢？原来，正义者同盟想彻底改造自己的组织。随后，在 1847 年 6 月的时候，正义者同盟的代表们在伦敦专门召开了一次大会，也正是在这次大会上，他们决定听从马克思和恩格斯的意见，把"正义者同盟"改成"共产主义者同盟"；又将自己的口号进行了调整——他们原来的口号听起来挺"吓人"的，叫"人人皆兄弟"。

主持人：

听起来挺江湖的。

陈培永教授：

很江湖。这个"江湖"的名字虽然通俗易懂，但听上去帮派的痕迹过于严重，不利于开展工作。所以，为了更好地将拥有共同理想的人们团结在一起，他们按照马克思、恩格斯的意见，将口号改为"全世界无产者，联合起来！"

主持人：

"全世界无产者，联合起来！"这才叫高大上。

陈培永教授：

这就是他们第一次代表大会完成的一件事情。

杨蕾博士：

而在同一年的年底，也就是在 1847 年的 11 月 29 日，当时改组后的共产主义者同盟召开了第二次代表大会。有 200 位代表参加了这次大会，马克思和恩格斯也参加了。当时，由于很多代表白天要上班，所以这次大会是在晚上召开的。

主持人：

白天他们要赚钱糊口。

杨蕾博士：

是的。

陈培永教授：

养家糊口。

杨蕾博士：

然后，这个大会一连开了十天。在这十天的时间里，马克思和恩格斯详细地阐述了无产阶级革命的思想，极大提升了当时工人阶级的信心。某种程度上我们甚至可以这样说，这个"共产主义者同盟"就是人类历史上第一个按照科学社会主义的原则所组建起来的无产阶级政党。当时参会的弗里德里希·列斯纳，多年以后回忆了他对马克思和恩格斯的印象："马克思当时还很年轻，约莫28岁的样子。但是他给我们留下了深刻的印象。他中等身材，结实有力，肩宽额高，满头密密的黑发，目光炯炯，能洞察一切……恩格斯是马克思精神上的兄弟，一望而知是典型的日耳曼人。他体格匀称，动作灵敏，有金黄色的头发和漂亮的胡子。他不大像一个学者，倒像一个年轻有为的近卫军上尉。"

其实，在这次大会上还有一个有趣的故事，就是现在同学们都比较熟悉的一个词"书记"（如今的称呼是"党支部书记"）的由来。当时在共产主义者同盟商谈他们委员会成立事项的时候，恩格斯就问马克思，我们这个组织的负责人应该怎么称呼呢？是叫委员长还是叫会长呢？马克思稍微思索了一会儿就拍板定下了，说那就叫书记吧。

张国祚教授：

在我看来，第二次代表大会它最有意义的地方在于：那些与会代表，也就是那些工人代表，或者说底层劳动群众代表，他们有一个共同的愿望。什么愿望呢？他们希望马克思和恩格斯能够起草这次会议的宣言，以对无产阶级社会主义革命的理论有一个系统的阐述。马克思和恩格斯不辱使命，经1847年11月至1848年2月将近三个月时间的打磨，两人终于完成了一部划时代的著作，那就是《共产党宣言》。

主持人：

就是我手里这本小册子，我现在拿的是中文译本。

陈培永教授：

这本书完成的时候马克思只有 30 岁，恩格斯只有 28 岁，应该说是两个年轻的小伙子。

主持人：

这叫青年才俊。

陈培永教授：

每每想到这一点，我经常在思索我 30 岁的时候又在干什么。

主持人：

听上去你很惭愧。

陈培永教授：

感慨颇多。其实，我们每个人都可以设身处地地想一下，当你自己 30 岁的时候，也许还在忙于生活的琐事，也许还在奔波于市井喧嚣之中。而马克思和恩格斯呢，他们已经切入了历史，切入了他们那个时代的脉络之中。每当想到这一点，我就由衷地感到佩服。的确，每个人都有每个人自己的生活，但时代往往召唤着英雄。

杨蕾博士：

在 1848 年 2 月，这本暗绿色封面的、只有 23 页的小册子，从英国伦敦主教路利物浦街 46 号的一个小印刷厂印发出去。由于当时法国二月民主革命爆发的消息已经传到了英国，所以这本暗绿色的小册子，油墨还未干，就被分发到了人们手中，使得各国工人阶级的精神为之一振。值得一提的是，这个《共产党宣言》的最初版本，现在只有极为少量的保留下来了，在它暗绿色的封面上，有着花边连缀而成的边框，中间写着"共产党宣言，1848 年 2 月发表"的字样，但是却并没有作者署名。

主持人：

看上去还真的是非常的神圣，虽然是很简单的这样一本小册子，但拿在手里我似乎已经感受到了时代所赋予它的那份重量。

陈培永教授：

的确是看起来很薄的一本小册子。

主持人：

很薄，但是它的内容却是划时代的，分量相当的厚重。现在，我们好奇的是，为什么《共产党宣言》——这个小薄本，却让当时的资本主义世界产生了那么大的恐惧和不安呢？

张国祚教授：

这个问题啊，在《共产党宣言》一开篇就提到了。实际上在节目一开始，我们已经听过了相关配音，意思就是说一个幽灵、一个共产主义的幽灵在欧洲大陆徘徊，它让旧欧洲的一切势力感到非常恐惧、非常震惊，也感到很迷惑，以至于这些反动势力不得不联合起来围剿这个叫作"共产主义"的幽灵。为什么呢？因为这样一本小册子到了各国工人阶级的手里之后，各国的工人运动随之风起云涌，其矛头所指就是当时的统治阶级，就是那些资本家，所以他们不能不感到恐慌。

杨蕾博士：

可见，恰好是在当时那样的一个时代背景下，《共产党宣言》的问世实际上是顺应了时代的潮流，它成为了当时工人阶级的思想武器，指导着工人运动的发展。

主持人：

按我的理解，就是说工人阶级自此之后有了光明的指引，他们的实践有了内容和力量。

陈培永教授：

确切地说，《共产党宣言》标志着科学社会主义的产生，也标志着马克思主义的诞生。

主持人：

那么可不可以这样说，《共产党宣言》的产生，恰恰是基于当时资本家对无产者无情的剥削和压迫这一事实呢？

张国祚教授：

对，你说得对。因为千百年来人类社会是个阶级的社会，有剥削也有压迫，人与人之间是不平等的，这就造成了很多人间悲剧。马克思、恩格斯写《共产党宣言》，就是要提出一个理论指引工人阶级走向解放，乃至最终达到全人类的解放。

主持人：

《共产党宣言》犹如一股春潮啊！

张国祚教授：

是啊，可以说，它是一支火炬，照亮了人类社会发展前进的道路；也可以说，它是一面旗帜，指引了无产阶级革命胜利的方向。正是由于《共产党宣言》的发表，当时欧洲各国的工人运动越来越活跃。众所周知，后来在法国发生了里昂工人起义，产生了巴黎公社。巴黎公社的诞生，某种程度上而言，可以说是无产阶级在《共产党宣言》思想指导之下第一次夺取政权的成功尝试——尽管这个政权仅仅存在了 72 天，但是它的意义是非常巨大的。

主持人：

实际上，对公社失败的反思也是非常深远和深刻的。

张国祚教授：

对。它的失败使马克思、恩格斯更加深刻地认识到：工人阶级不要以为能简单地掌握资产阶级现成的国家机器，并运用它来达到自己的目的；相反，他们只能依靠革命去打破和打碎这个统治、支配着他们的国家机器。

主持人：

从 1516 年莫尔的《乌托邦》到 1848 年的《共产党宣言》，人类在"荒野里"跋涉了 332 年以后，马克思和恩格斯的理论终于使社会主义从空想走向了科学，这也是马克思和恩格斯这两位伟大的思想家留给我们的最宝贵的精神遗产。为什么马克思、恩格斯能写出这样一本光辉的著作呢？也许，我们应该从了解马克思是一个什么样的人开始。

陈培永教授：

马克思是一个哲学家、一个思想家、一个革命家、一个伟人……诸如此类的名词完全都可以去形容他。当然，我也是马克思的粉丝，甚至我曾经在我的笔记本上记下了这样一句话：如果说，整个人类社会的早期思想史都是与柏拉图进行对话的话，那么 20 世纪以后的思想史都是与马克思在进行对话。实际上，从马克思身上我们能够学到很多的东西，越是深入他的思想，你越是能感受到在时代"重负"的包裹之下，那种个体思考所能带来的改变世界的力量。

主持人：

据说在中学时代马克思的人生目标就非常的清晰。

陈培永教授：

是的。他在特里尔中学毕业考试时所写的德文作文《青年在选择职业时的考虑》中，就已经提出了为全人类幸福而工作的目标。他的原话是这样的："如果我们选择了最能为人类而工作的职业，那么，重担就不能把我们压倒，因为这是为大家作出的牺牲；那时我们所享受的就不是可怜的、有限的、自私的乐趣，我们的幸福将属于千百万人，我们的事业将悄然无声地存在下去，但是它会永远发挥作用，而面对我们的骨灰，高尚的人们将洒下热泪。"我觉得马克思的这段话，今天的年轻人在选择自己的职业、规划自己的奋斗目标时，可以仔细品读一下。

有时候我在想，经典之所以能成为经典，也许恰恰就在于，即便以现在的眼光来回看马克思当时所写下的语句，仍能体味出蕴含其中的思想的火花。也许，今天我们在选择职业时做不到为全人类的幸福而工作，但至少我们可以记住马克思在同一篇作文中告诫自己的话："被名利迷住了心窍的人，理性是无法加以约束的，于是他一头栽进那不可抗拒的欲念召唤他去的地方；他的职业已经不再是由他自己选择，而是由偶然机会和假象去决定了。我们的使命决不是求得一个最足以炫耀的职业，因为它不是那种可能由我们长期从事，但始终不会使我们感到厌倦、始终不会使我们劲头低落、始终不会使我们的热情冷却的职业，相反，我们很快就会觉得，我们的愿望没有得到满足，我们的理想没有实现，我们就将怨天尤人。"

主持人：

这样看来，马克思在他年轻的时候，实际上心中已经怀有一种大的情怀。按我们现在的说法，在他即将毕业走入职场的时候，他对自己将要从事的职业和未来的发展，其自我的定位已然是很明确的了。

杨蕾博士：

不仅如此，其实马克思在学术上也是非常有造诣的。不知道同学们今年多大了？

现场观众：

18。

杨蕾博士：

如果按我们现在的标准来衡量的话，马克思在当时应该也算是一个天才少年了，他在 23 岁的时候就获得了博士学位，成为当时普鲁士历史上最年轻的一个博士。

主持人：

哇，好厉害。

杨蕾博士：

对！但是呢，他随后并没有选择留在大学里面担任教职，并没有选择这一份看似安稳的职业。相反，他选择了走上一条"充满荆棘"的人生路途，选择了将近 40 年的逃亡生活、将近 40 年的艰苦工作以及将近 40 年的贫困与抗争。

张国祚教授：

刚才杨蕾博士谈到了马克思的流亡，实际上他真正的流亡日子是从 1843 年算起的，那年他才 25 岁。我们可以稍微梳理一下之前的历史线索，以便大家能更明晰地掌握当时的相关背景：1841 年，马克思拿到了耶拿大学哲学系的博士证书；从 1842 年 4 月起，马克思开始为《莱茵报》撰稿；同年 10 月，马克思成为该报的编辑。在马克思担任编辑期间，《莱茵报》日益成为德国最重要的反对派报纸之一。1843 年 3 月，当时普鲁士书报检查机关的步步紧逼使得《莱茵报》不作调整就不可能继续出版，这样一来，马克思就失去了在《莱茵报》继续工作的可能。1843 年 3 月 18 日，马克思在《莱茵报》第 77 号上刊登了退出编辑部的"声明"，原文如下："本人因现行书报检查制度的关系，自即日起，退出《莱茵报》编辑部，特此声明。"

那么，为什么马克思在退出《莱茵报》编辑部之后却过上了流亡的生活呢？在我看来，主要是因为马克思他有着深深的人民情结，他对现实的不公平充满批判，他想改变这种压抑的社会，他总是力图揭露反动当局对人民的剥削、压迫、欺骗和谎言，这样就触碰到了当权者的痛点，当权者当然会让他不得安生。当时的普鲁士政府、法国政府、比利时政府的驱逐令，总是如噩梦一般纠缠着他，迫使他不得不流亡。

陈培永教授：

马克思在他 28 岁的时候写了一句经典名言，后来也是他的墓志铭，叫作"哲学家们只是用不同的方式解释世界，问题在于改变世界"。这句话出自他的《关于费尔巴哈的提纲》，该提纲被恩格斯称为"包含着新世界观的天才萌芽的第一个文件"。很明显，马克思既然选择了改变世界这条路，那么为这项事业所付出的代价当然会是非常巨大的。应该说在他这 40 年的流亡历程中，马克思大部分时间都处于贫困的状态，不仅要忍受警察的骚扰，有的时候还要忍受房东把他的行李家具扔到大街上。

主持人：

所以，有一次马克思在给他的朋友约瑟夫·魏德迈的信中写道："告诉你，如果我得不到任何方面的援助，我就完了，因为我全家都在这里，而且我妻子的最后一件首饰也已经送到当铺里去了。"这听起来就让人觉得心酸！

杨蕾博士：

特别是在 1849 年，马克思到达伦敦之后，他的生活真的是穷困到了极点。虽然马克思之前也曾两次到过伦敦，但他对于这座阴冷的城市实际上还是感到异常陌生，新生活的开始不仅不美妙，甚至可以说是极其的糟糕：囊中羞涩、食不果腹、居无定所，这些无一不在刺痛着这个男人的神经。对于当时的生活状况，马克思自己其实也有过一段描述，他在 1852 年 2 月 27 日写给恩格斯的一封信中是这样说的："一个星期以来，我已达到非常痛快的地步：因为外衣进了当铺，我不能再出门，因为不让赊账，我不能再吃肉。"

尤其是当燕妮和孩子们来到伦敦之后，马克思一家的生活更是陷入极端的困窘之中。燕妮在给约瑟夫·魏德迈的信中描绘了这样一幅令人心碎的画面："我只要把我们生活中一天的情况如实地向您讲一讲，您就会看到，过着类似生活的流亡者恐怕是不多的。这里奶妈工钱非常高，因此，尽管我的胸和背总是痛得很厉害，我还是决定自己给孩子喂奶。但是这个可怜的小天使从我身上吸去了那么多的忧伤和内心的痛苦，所以他总是体弱多病，日日夜夜都在忍受着剧烈的疼痛。他从出生以来，没有一个晚上是睡到两三个小时以上的。最近又添了剧烈的抽搐，所以孩子终日在生死线上挣扎。由于这些病痛，他拼命地吸奶，以致我的乳房被吸伤裂口了；鲜血常常流进他那抖动的小嘴里。有一天我正这样坐着，突然我们的女房东来了……于是就来了两个法警，将我不多的全部家当——床铺衣物等——甚至连我那可怜的孩子的摇篮以及眼泪汪汪地站在旁边的女孩们的比较好的玩具都查封了。他们威胁说两个钟头以后要把全部家当都拿走。那时忍受着乳房疼痛的我就只有同我那冻得发抖的孩子们睡光地板了。"每次读到这里，我总是处于一种深深的震撼中，我很难想象作为一名妻子、一位母亲，是如何面对这样足以令人崩溃的情形；我也就更难想象，作为家中唯一的支撑，马克思又需要忍受着多大的痛苦和煎熬，才能够在生活的折磨与崇高的信仰所产生的极致张力之间，始终不曾向当时黑暗的现实妥协。

陈培永教授：

不光如此，有时候生活还会在人最困难的时候再给予你重重一击。艰苦的生活环境、糟糕的饮食、繁重的家务本身已经让马克思一家焦头烂额，然而还是有更大的不幸降临在这个家庭头上：1855年4月6日，马克思和燕妮最可爱的儿子埃德加尔——他才9岁，离开了人世。当时在场的李卜克内西后来曾回忆过那悲伤的一幕："母亲扑在死了的孩子身上啜泣……马克思悲痛欲绝，狂暴地拒绝任何安慰，两个女孩依偎着母亲低声哭泣，母亲痉挛地抱住两个女儿，唯恐抢去她儿子的死神也会把她们夺走。"马克思在 1855 年 4 月 16 日致恩格斯的信中也回顾了自己犹如窒息般的感受："亲爱的孩子曾使家中充满生气，是家中的灵魂，他死后，家中自然完全空虚了，冷清了。简直无法形容，我们怎能没有这个孩子。我已经遭受过各种不幸，但是只有现在我才懂得什么是真正的不幸。我感到自己完全支持不住了。幸而从埋葬他那天起我头痛得不得了，不能想，不能听，也不能看。"

实际上，在贫困的流亡生活中，马克思夫妇的七个孩子夭折了四个。这样的经历，对于任何一个家庭来说，都是生命无法承受之重。

主持人：

的确，马克思一家生活的困难，有时候真的到了我们现在根本无法想象的地步，有时"往往获得半英镑就能摆脱可怕的处境"。幸而，在马克思为追求理想而战斗不止的一生当中，有两个重要的人一直陪伴他左右：一个是他的妻子燕妮，另一个就是他的"兄弟"恩格斯。马克思一生当中虽然没有给燕妮更加富足的生活，甚至在流亡的日子中没能给予她基本的安稳日子，但是燕妮却始终默默地陪伴着他，可谓"你若不离我便不弃"。

陈培永教授：

马克思的很多手稿，写得异常潦草，一般人们都是看不懂的。这些手稿最终能呈现在大家面前，燕妮无疑起到了很重要的作用。甚至，我们基本上可以认定，她是唯一能够很清楚地看懂马克思手迹的人。马克思的手稿每一次送往印刷厂之前，燕妮都会亲手再重新抄写一遍。

主持人：

每一个成功男人的背后一定会有一个伟大的女人。

杨蕾博士：

是的。实际上马克思与燕妮的感情，两个人一辈子的不离不弃，在于两人精神上的高度契合。他们之间可以说是一场"势均力敌"的爱情。在燕妮去世以后，马克思的好友恩格斯就曾感叹道："我们也将时常为再也听不到她那大胆而合理的意见（大胆而不吹嘘、合理而丝毫不损尊严）感到若有所失。"

事实上，燕妮的去世，对马克思的打击是非常大的。大概是在 1880 年的秋天，燕妮被诊断出患有肝癌，马克思由于过度担心妻子，自己也得了肺炎，并伴有胸膜炎并发症，身体情况一度很糟糕，甚至随时都有生命危险。可以说，整个 1880 年的秋冬，这对夫妇都是在与死神作着斗争——一个躺在大房间，一个躺在小房间，互不能相见。但是，当马克思身体得到好转之后，他最挂念的还是自己的妻子。马克思的小女儿爱琳娜，曾记录下了一个感人的时刻："摩尔（马克思的孩子们对他的昵称——引者注）又一次战胜了病魔。我永远忘不了那天早晨。他觉得自己强健得能到母亲房间里去。他们在一起又都年轻起来，她像热恋中的少女，他像热恋中的小伙子。他们又恢复了生命的活力，而不像一个在死亡线上挣扎的老人和一个即将被病魔夺去生命的老妇，彼此在作最后一次话别。"

我们甚至可以说，燕妮其实已经"融"进了马克思的生命当中，"刻"在了他的血液里面，就仿佛人生存所必需的空气一样。当燕妮离开马克思后，他自己的生命在某种程度上也就已经逝去了。在很长的一段时间里，马克思基本完全无法看书，精神也时刻处于恍惚的状态。

主持人：

马克思的这一生，除了有燕妮的陪伴和支持以外，还有一个人占据了极其重要的位置，那就是恩格斯。在 1890 年，马克思的小女儿爱琳娜曾明确说过，马克思和恩格斯两人的生活和工作"如此紧密地联系在一起而无法分离"。马克思的女婿保尔·拉法格甚至将恩格斯称为"马克思的第二个我"。

张国祚教授：

的确如此。列宁就曾对马克思和恩格斯的友谊作过一段经典的评价："古老传说中有各种非常动人的友谊故事。欧洲无产阶级可以说，它的科学是由这两位学者和战士创造的，他们的关系超过了古人关于人类友谊的一切最动人的传说。"有趣的是，马克思和恩格斯的第一次会面，实际上并不是很愉快。那是 1842 年 11 月的一天，恩格斯在前往英国的途中路过科隆时，曾到《莱茵报》编辑部去见过马克思，但两人的这次见面，也许是存在误会，并没有很融洽。真正奠定两人友谊开端的历史性见面，是在 1844 年 8 月 28 日左右。两人在巴黎的法兰西剧院旁的"雷让斯"咖啡馆里进行了愉快的交谈。用恩格斯的话说，"当我 1844 年夏天在巴黎拜访马克思时，我们在一切理论领域中都显出意见完全一致，从此就开始了我们共同的工作"。自此，两人开始了终其一生最伟大的合作。合作的第一步，就是他们用来批判鲍威尔兄弟的《神圣家族，或对批判的批判所作的批判。驳布鲁诺·鲍威尔及其伙伴》一书。

应当说，在马克思的一生当中，尤其是在他的流亡岁月里，恩格斯一直接济着马克思一家——从一英镑到几百英镑不等。在马克思 1863 年 1 月 28 日致恩格斯的一封信中，我们可以很清楚地看到恩格斯对这个家庭的莫大帮助："我很清楚地理解，你用这种办法给我如此巨大而意想不到的援助，是多么冒险。我简直无法表达对你的感激，虽然在我内心深切地感受到你的友谊是多么富有自我牺牲精神，而不需要再来证明。"在马克思痛失爱子埃德加尔的时候，马克思所能依靠的，还是他和恩格斯的友谊。用马克思自己的话来说，就是："在这些日子里，我之所以能忍受这一切可怕的痛苦，是因为时刻想念着你，想念着你的友谊，时刻希望我们两人还要在世间共同做一些有意义的事情。"

「现场全息技术展现」

恩格斯：

唉，我的老朋友啊，你还是走了。你留下的伟大思想，我一定会帮你散播在这个你已经离开的世界。

恩格斯：我将带着你的理想继续前行

主持人：

恩格斯先生，您好。

恩格斯：

请问，您是谁啊？

主持人：

您好，我们来自未来，看到您正在为马克思的离去而伤心，我们想安慰您。

恩格斯：

哦，谢谢你们。马克思是我此生最亲密的战友。今天我看

到他在安乐椅上安静地睡着了——但已经是永远地睡着了。这位天才再也不能用他那强有力的思想来哺育两个半球的无产阶级运动了。

主持人：

请节哀。谢谢您和马克思给我们带来了伟大的思想，改变了世界。

恩格斯：

不用谢，这是我们所追求的。你们这个时代所取得的一切成就，应归功于马克思的理论指导着你们的伟大实践，没有他，也许你们至今还会在黑暗中徘徊。

主持人：

是的。我们依然要谢谢您，因为您是马克思身边的"第二提琴手"。

杨蕾博士：

实际上，恩格斯比马克思要小两岁。1820 年 11 月 28 日，恩格斯出生于德国的巴门，他的父亲，是当地的一名工厂主。

主持人：

噢，"富二代"啊！

杨蕾博士：

某种程度上可以这么说。恩格斯的父亲，其实一直希望他能子承父业，所以，恩格斯中学还没毕业就被送去经商了。但恩格斯自己却并不喜欢在枯燥的办公室里从事商业活动，他曾在给马克思的信中抱怨道："我最渴望不过的事情，就是摆脱这个鬼商业，它耗费时间，使我的精神完全沮丧了。只要我还在经商，我就什么也不能干；尤其是我当上老板之后，负的责任更大，情况也就更糟了。如果不是为了增加收入，我真想再当办事员。"这真的是非常有意思，在某些人看来，能当上老板也许是登上了人生的巅峰，从此就能走上迎娶"白富美"的生活了。但在恩格斯那里，当老板跟他想要为之奋斗和献身的事业相比，是一个"更糟"的情况。有时候，我们真的不得不感叹，信仰的力量、伟大的事业往往能超越物质和金钱。我想，这也许就是恩格斯和马克思最终能成为挚友的一个重要原因所在。

主持人：

确实是这样的。现在，让我们再次回到本集的主题即《共产党宣言》上来。前面张国祚教授也说过了，《共产党宣言》的由来，是共产主义者同盟的代表们希望马克思和恩格斯能给他们制定新的纲领……

张国祚教授：

是的。其实恩格斯在共产主义者同盟第一次代表大会的时候，就提交了一份纲领草案，叫作《共产主义信条草案》。当时，代表们决定就这个草案进行意见征集，并交下次代表大会即第二次代表大会讨论。到了共产主义者同盟第二次代表大会的时候，恩格斯在第一次草案的基础上，经过酝酿和修改，又提交了另一份纲领草案《共产主义原理》。但是，无论是对第一次的《共产主义信条草案》还是对第二次修改后的《共产主义原理》，恩格斯实际上都不满意。正是在这种情况下，他向马克思建议，最好是由他们两人合作，采用宣言体的形式，重新写一份新的纲领。马克思对这个建议，欣然接受。

此后，两人经常碰头。据说，碰头的地方就在比利时布鲁塞尔的一家咖啡馆里。这家咖啡馆是一栋 5 层的楼房，因门上装饰着一只展翅欲飞的白天鹅而闻名，名字就是"白天鹅咖啡馆"。

主持人：

"一个幽灵，共产主义的幽灵，在欧洲游荡。"为什么《共产党宣言》的第一句话就把这个"幽灵"提出来呢？什么又是"幽灵"？

张国祚教授：

这个"幽灵"，实际上是资产阶级对"共产主义"的一种蔑称。如果模仿资产阶级的口吻来说的话，共产主义就是个幽灵，而且是个可怕的幽灵，它到处徘徊，把工人阶级都鼓动起来了。鼓动起来干什么呢？就是号召无产阶级团结一致，以一个阶级的力量去进行一场伟大的革命，去推翻剥削着、压迫着他们的资产阶级，去用"刀和剑""血与火"迎战当时那个异化的世界。《共产党宣言》在临近结尾处提到："共产党人不屑于隐瞒自己的观点和意图。他们公开宣布：他们的目的只有用暴力推翻全部现存的社会制度才能达到。让统治阶级在共产主义革命面前发抖吧。无产者在这个革命中失去的只是锁链。他们获得的将是整个世界。"这段话说得多么漂亮，多么富有冲击力！失去的只是锁链，得到的将是整个世界；失去的只是那装饰在锁链上的虚幻花朵，而得到的将是打碎锁链摘取全人类解放的真实花朵。我想，无论在哪个时代，只要看到这样的文字，都会有一种激情岁月里迸发出的呐喊顺着时光迎面而来的打击感。也只是在这个时刻，我们才能深深体会到所谓文字的力量：一个字、一个词、一个句子的简单组合，就如同最锋利的刀子一般，一刀一刀刺向彼时那个世界的最深处。所以你看，当时欧洲大陆的统治者怎能不感到害怕？他们怎能"听不到"那些被剥夺者无路可走、失无可失时反身冲向黑暗的决绝？

主持人：

其实，如果大家再仔细读一遍《共产党宣言》的话，就会发现，诚如张国祚教授所说的，它不仅是一篇充满激情的战斗檄文，更是一篇蕴含着思想张力的美文。有时简单的排比，甚至能产生排山倒海般的感觉，那叫一个酣畅淋漓！

陈培永教授：

可以说，马克思写的很多文章，都有这样的特点。刚才不知道大家注意到张老师发言里的一个提法没有，张老师用了一个虚幻的花朵和真实的花朵的对比。其实，这个用法是有出处的，它的原话来自于马克思的《〈黑格尔法哲学批判〉导言》。大家可以自行感受一下其中所蕴含的风格。原话是这样的："这种批判撕碎锁链上那些虚幻的花朵，不是要人依旧戴上没有幻想没有慰藉的锁链，而是要人扔掉它，采摘新鲜的花朵。"这样的句子，在这篇导言中其实比比皆是，例如："因此，真理的彼岸世界消逝以后，历史的任务就是确立此岸世界的真理"；"要求抛弃关于人民处境的幻觉，就是要求抛弃那需要幻觉的处境"；"批判的武器当然不能代替武器的批判，物质力量只能用物质力量来摧毁"；"无产阶级宣告迄今为止的世界制度的解体，只不过是揭示自己本身的存在的秘密，因为它就是这个世界制度的实际解体"；"哲学把无产阶级当做自己的物质武器，同样，无产阶级也把哲学当做自己的精神武器"……

但是现在也的确存在这样一种状况，可能不少同学所理解的马克思主义，会相对比较刻板。所以，我给大家一个小建议，有时间的话，可以去读读马克思的原著，去切身地感受一下一个天才般的思想家所勾勒出的文字，去"亲身经历"一下某种深刻所能触及的深度。马克思的很多文本都是非常美的，哪怕同学们不一定完全理解其中的意思，至少可以作为写作时参考的一个范本。

主持人：

这样看来，读马克思的文章，既能欣赏其笔墨文采，又能感受一种战斗般的节奏。

杨蕾博士：

是这样的。为什么《共产党宣言》读起来会让人感觉那么酣畅淋漓呢？很重要的一个原因就在于，它放弃了当时传统的问答体形式，而采用了全新的宣言体。

主持人：

宣言体？

杨蕾博士：

对。同其他的体裁相比，它更有感染性、更有震撼力，也更富于节奏感。这种节奏感，打个不很恰当的比方，就仿佛音乐一样，每个音符都恰好穿透你的内心，并与你的脉搏一起跳动，让你的情绪不知不觉就随之"舞动"起来。

主持人：

听到这里，真的有一种冲动，特别想赶紧去重温一下《共产党宣言》。不过现在，我想让三位专家给我们简单地介绍一下，《共产党宣言》的核心逻辑组成究竟是什么呢？

杨蕾博士：

《共产党宣言》它是由一个简短的引文和紧随其后的四个章节共同组成的。但是我们现在所看到的这个版本，它包括了从 1872 年到 1893 年间，马克思和恩格斯对《宣言》的再版所各自写的总共七篇序言。

主持人：

七篇序言是非常著名的。

杨蕾博士：

对，这七篇序言非常重要，它是马克思和恩格斯根据当时社会历史条件的新发展，对《宣言》的基本内容所做的必要补充和修改，这也凸显了马克思主义理论与时俱进的特征。

张国祚教授：

这一点很重要。马克思主义理论的确是与时俱进的，它从来不认为自身的理论应该是一个封闭的"圆环"。相反，马克思在《资本论》第二版"跋"中就曾明确说道："辩证法在对现存事物的肯定的理解中同时包含对现存事物的否定的理解，即对现存事物的必然灭亡的理解；辩证法对每一种既成的形式都是从不断的运动中，因而也是从它的暂时性方面去理解；辩证法不崇拜任何东西，按其本质来说，它是批判的和革命的。"在这里，马克思的意思已经很清楚了。

陈培永教授：

要理解《共产党宣言》的整体逻辑，我们需要首先确立一个前提，那就是马克思是在一个什么样的时代背景下来进行他的论述的。简单地说，马克思是以当时资本主义社会的工业、商业活动作为"范本"，从近代史是农业文明到工业文明（且后者已然"战胜"了前者）这一史实出发，通过考察资本主义的生产方式，提出了一种世界历史理论。稍微展开说明的话，马克思的这种世界历史理论，实际上有两个核心观点：第一，资本主义生产方式是当时的世界历史形成的现实基础和最直接的动因。这里，我们可以参考《宣言》中常被人所引用的一段话，即"资产阶级，由于一切生产工具的迅速改进，由于交通的极其便利，把一切民族甚至最野蛮的民族都卷到文明中来了。它的商品的低廉价格，是它用来摧毁一切万里长城、征服野蛮人最顽强的仇外心理的重炮。它迫使一切民族——如果它们不想灭亡的话——采用资产阶级的生产方式；它迫使它们在自己那里推行所谓的文明，即变成资产者。一句话，它按照自己的面貌为自己创造出一个世界"。马克思这里的意思，并不是说资本主义是永恒的或者世界历史就只能是一种资本主义的历史。相反，他强调的是，只是在某一个历史阶段，即资本主义占据统治地位的时候，才形成了一个世界历史中的资本主义时代。换句话说，在这个阶段，资本主义在世界历史中是占有优势地位的，它能充分利用这种优势，打开其他民族的国门，去开拓它的世界版图、去拓展它的殖民地。就此而言，其他民族并没有同西方一样同时进入资本主义时代，相反，它们是在资本主义国家的血腥侵略和赤裸掠夺下，被迫走进世界历史。第二，世界历史的前景是共产主义。资本主义虽然"创造了比过去一切世代"都要多、都要大的生产力，虽然使人从封建生产关系中那种对土地的依赖里摆脱出来了，但却让人陷入更深的一种异化状态。在马克思的名著《1844年经济学哲学手稿》中，实际上已经将这种异化状态描绘得淋漓尽致了。那么，要将人的异化彻底扬弃，其实也就是要将世界历史中这个资本主义时代扬弃。世界历史一旦发展到这个阶段，人类也就进入了共产主义。因此，马克思的最终立意是，共产主义消灭私有制、扬弃资本主义，也同样要在世界历史的进程中完成——而且，共产主义它应该成为世界历史运动的趋势。很明显，在马克思看来，承担这一任务的主体，绝不是如同黑格尔所说的什么"绝对精神的自我运动"，而只能是一个在现实中进行着其具体实践的主体——这个主体就是无产阶级。

主持人：

你这么一说，我觉得《共产党宣言》的这种内部逻辑和它所释放出来的这种历史感，对于今天这个时代而言，依然非常有启发性。比方说，在《共产党宣言》中，马克思、恩格斯曾提出了这样一个结论："资产阶级的灭亡和无产阶级的胜利是同样不可避免的"，这就是我们所熟知的"两个必然"。今天，我们各位专家怎么来看待这"两个必然"的提法呢？

杨蕾博士：

在写《共产党宣言》的时候，马克思和恩格斯认为，由于资本主义社会的自身局限，其生产力的发展已经到了其自身的生产关系所不能容纳的一个地步了。只是在这个基础上，他们提出，无产阶级革命有了在欧洲各地爆发的可能性。但是后来的历史却表明，他们当时所作出的这样一种估计过于乐观了。不过在这里，我想提醒大家注意的是，这绝不说明马克思和恩格斯考察资本主义社会的方式是错误的。有一种所谓"马克思过时论"的提法，其核心依据就在于此：既然你说资本主义必将灭亡，可是资本主义不仅没有灭亡，而且仍在持续，这足以证明马克思的理论是错误的，是不符合当前时代的。这种提法，它恰恰本身就没有理解马克思、恩格斯所划定的一个界限：即生产力是否还能被当前形态的生产关系所容纳，或者说，是否达到了当前生产关系所能容纳的极限。因此，资本主义仍在持续，反而恰好证明了马克思和恩格斯的提法，它只是说明了也许在这个历史的时间段里，资本主义的生产力还暂时能被其生产关系所容纳，还暂时并未触到其生产关系的极限。但这并不说明，注意，我重复一次，但这并不说明资本主义的生产力能永远、永恒地被其生产关系所容纳。这点大家是要仔细区分开的。

后来，马克思和恩格斯也对之前所作出的乐观估计进行了纠正。在 1859 年，马克思在《〈政治经济学批判〉序言》当中就提出了"两个决不会"的思想。也就是说，"无论哪一个社会形态，在它所能容纳的全部生产力发挥出来以前，是决不会灭亡的；而新的更高的生产关系，在它的物质存在条件在旧社会的胎胞里成熟以前，是决不会出现的"。

主持人：

这就是"两个决不会"的重要思想论断。

张国祚教授：

要理解"两个决不会""两个必然"，必须放到历史动态发展的长过程中去理解，而不能只是从一个静态的剖面来看待这个问题。进一步而言，马克思在研究人类社会发展规律时所运用的方法，或者说，他考察事物的思维方式中所蕴含的"灵魂"，始终是矛盾原则。一句话，生产力和生产关系的矛盾是推动人类社会历史前进的一个最根本的动力。其中，生产力是一个贯穿社会整体结构的东西，小到一个人自身的"劳动能力"，大到一个社会的共同的活动方式，它始终是一个动态而非僵死的概念。马克思曾在致帕·瓦·安年科夫的信中就"生产力"说了一段非常有名的话："人们不能自由选择自己的生产力——这是他们的全部历史的基础，因为任何生产力都是一种既得的力量，是以往活动的产物。可见，生产力是人们应用能力的结果，但是这种能力本身决定于人们所处的条件，决定于先前已经获得的生产力，决定于在他们之前已经存在、不是由他们创立而是由前一代人创立的社会形式。后来的每一代人都得到前一代人已经取得的生产力并当作原料来为自己新的生产服务……"在这里，马克思明明白白说明了一个道理：没有任何一个人是从天上掉下来的，他一出生就处于某一既定的社会形态中，就必然会受到这个社会的限定。他所能开始的实践，他所能随之开展的生产活动，只是在继承了前代人生产力的基础上、也只能是在继承了前代人生产力的基础上去进行。因此，任何人只要他想要进行活动，他就一定是在既定的矛盾中去进行。从这个意义上而言，资本主义社会发展到一定程度后，当它的生产关系一旦不再能容纳生产力的发展时，那么从这一刻开始，整个社会结构就有了发生质的变化的可能了。

主持人：

是的，在当时那样一个时代的背景下，在资本主义还未发展到如今天这般程度的时候，马克思、恩格斯就已经提出了这样一种考察社会、看待历史的先进理论，真的是站到了时代的最前沿。

与经典为伴，经典永远不会过时。《共产党宣言》这本书在今天，依然有其不可磨灭的价值。当然作为新时代的大学生，我想在座的各位朋友们可能也对这本书有着自己的看法，我们的同学有什么问题可以跟专家现场来互动。

现场学生 A 提问：

老师您好！我是来自湖南第一师范学院马克思主义学院的一名学生。刚刚听了你们这么精彩的论述，我深受启发。同时，我也有一个疑问：自我国改革开放以来，一直强调以经济建设为中心，那么以经济建设为中心，是不是违背了《共产党宣言》当中所强调的无产阶级革命、阶级斗争的精神？谢谢。

以经济建设为中心，是不是违背了《共产党宣言》当中的强调无产阶级革命、强调阶级斗争的基本精神？

强调阶级斗争的基本精神

《共产党宣言》是一本什么书？

陈培永教授：

这个问题，我觉得大家要区分一下。首先，马克思曾在《给〈祖国纪事〉杂志编辑部的信》中强调了一点，即"极为相似的事变发生在不同的历史环境中就引起了完全不同的结果"，因此他反复告诫人们不能用一把所谓的"万能钥匙"或一个模式去套所有的事件、所有的国家和所有的发展情况。其次，无论是《共产党宣言》时期所强调的阶级斗争还是我们改革开放所强调的以经济建设为中心的提法，其最终目的都是为了服务于我们的生活，或者说，都是为了让人们的生活更加美好、让人类社会更加公平。所以在不同的历史阶段，如果说上层建筑已经很严重地束缚了经济基础的话，那么在这时就需要以阶级革命来打破这种结构以求得生产力的进一步发展。但是，一旦革命完成，进入了社会建设的时期，此时生产力和生产关系已经不再是处于之前社会结构尚未转变时的模式了。换句话说，此时的生产力不是已经发展到某种程度以至于生产关系竟不足以容纳前者的发展；相反，此时面临的状况是，生产力还未得到充分的发展。因此，这一阶段当然会强调以经济建设为中心，这是一点都不违背《共产党宣言》的原理的。

现场学生 B 提问：

老师们好！我也是来自湖南第一师范学院马克思主义学院的学生。《共产党宣言》里一直在讲无产阶级的使命、无产阶级

的革命，那么我想请问一下，现在还有无产阶级吗？如果有，谁又是无产阶级呢？无产阶级依据什么能够实现人的解放？谢谢。

陈培永教授：

这里需要注意的是，无产阶级的"产"，不是通常人们所理解的那种"财产"意义上的"产"，而是有没有生产资料意义上的"产"，这是一个根本性的区分。换句话说，只是"是否掌握生产资料"这一点才是决定着一个阶级是否为无产阶级的依据。所以，我们不能遵循这样简单的划分：将没有财产的归为无产阶级，而将有财产的归为非无产阶级。

张国祚教授：

其实，这是一个很宽泛的概念。在《共产党宣言》里，马克思和恩格斯所强调的无产阶级主要就是指工人阶级。刚才那位同学问了，今天还讲无产阶级吗？谁又是无产阶级啊？那我要告诉你，今天的工人阶级，在历史上就叫作无产阶级。这是因为，在工人阶级没有取得政权之前，他们遭受着资产阶级的剥削和压迫，除了有所谓"自由"出卖自身的劳动力这一"自由"以外，他们没有其他任何的自由。他们所得到的，仅仅是维持自身劳动力再生产所必需的和最低限度的生活资料。那么，当他们通过革命取得政权了，当他们推翻剥削者真正成为国家的主人之时，他们就开始了一种新的生活：在这样的生活中，他们可以规划自己的前景、规划自己的发展。到了这个时候，这个阶级就不是《共产党宣言》那个时代所界定的"无产阶级"了，就不是除了出卖自己的劳动力以外就一无所有的阶级了。这时，它就是"工人阶级"了。此时这样的称呼，着重的是一种身份，英文叫作Identity。另外，工人阶级的含义，本身也在逐步发展。邓小平同志就曾说过，"知识分子是工人阶级的一部分"。如果你们大学生也自认为是知识分子，那么你本身就是工人阶级的一分子。当然，在以往历史的某个阶段，你可能就会被称为无产阶级。

今天劳动人民已经当家做主了

主持人：

到这里，我们也建议大家多读一读马克思的原著，多了解一点马克思主义理论。也许只有当你真正读了原著之后，你才能体会到什么叫作"经典"。《共产党宣言》所蕴含的思想，无疑影响着我们的过去、现在和将来。当我们今天再一次来阅读它的时候，我们可以发现，它依然是照耀着历史前进的一座璀璨灯塔。在下一期的节目当中，我们将回答"'阿芙乐尔'号为什么开炮？"感谢收看今天的节目，下期我们再见！

3

"阿芙乐尔"号为什么开炮？

主持人：

从空想到科学，从理论到现实，从一国到多国，社会主义潮涌 500 年。今天我们在这里聊一聊社会主义——

现场观众：

有点"潮"！

主持人：

没错，欢迎各位继续收看全国首档"三新"进校园电视理论节目——《社会主义"有点潮"》，我是主持人梅冬。在上一集节目当中我们讲到《共产党宣言》的问世标志着马克思主义的诞生，也标志着科学社会主义的诞生。《共产党宣言》一经发表，就陆续被译成各种文字，在全世界范围内广泛传播。当然，这一思想后来也传到了当时的俄国，并由此产生了极其深远的影响。

今天，我们想来谈一下科学社会主义在俄国的实现。有意思的是，俄国的社会主义实践其实又是和一艘战舰紧密相连的。大家知道，在世界军事史上有无数艘为人所熟知的战舰，但

"阿芙乐尔"号却是其中较为特殊的一艘——正是它的一声炮响揭开了俄国十月革命的序幕。那么，"阿芙乐尔"号为什么要开炮呢？今天就这个问题我们继续邀请三位嘉宾来作答。有请我们的三位嘉宾。张国祚教授！

张国祚教授：

同学们好，你们是祖国的未来，是社会主义事业的接班人，今天让我们一起聊社会主义"有点潮"。

主持人：

陈培永教授！

陈培永教授：

社会主义"有点潮"，真的、真的、真的很"潮"！

主持人：

美女博士，蓝茵茵。

蓝茵茵博士：

社会主义"有点潮"，欢迎大家到来。

主持人：

请坐。大家请看。

「现场全息技术展现」

主持人：

大家看，这就是著名的"阿芙乐尔"号巡洋舰。请我们的三位嘉宾介绍一下，这是一艘什么样的战舰呢？

蓝茵茵博士：

我们首先来看一下这艘巡洋舰的名字，"阿芙乐尔"是罗马神话中司晨女神的名字。

"阿芙乐尔"号巡洋舰

主持人：

司晨女神？

蓝茵茵博士：

是的。所以以此为名，就仿佛象征着它要唤醒沉睡中的人们，然后给整个世界带来曙光和黎明。但是实际上，这一艘"阿芙乐尔"号巡洋舰的经历却十分坎坷，它可谓是屡战屡败、屡败屡战。1903年，当它服役时，它是整个俄国海军中数一数二的战舰。但是在1905年的对马海战中，整个俄国舰队在沙皇旧军官的统领下，被日本舰队于对马海峡处伏击，遭遇了一场空前的惨败。在战场已然溃败的时候，"阿芙乐尔"号勉强突围，向南漂流，却又被当时的菲律宾扣留。这一过程使得全舰的官兵都在思考沙皇腐朽统治的问题，并购置了武器预备回国进行起义，结果失败了。1914年，它又参加了第一次世界大战，结果再遭重创。应该说这一次的失败，彻底唤醒了全舰的官兵，因此到1917年二月革命爆发时，"阿芙乐尔"号是整个波罗的海舰队中第一艘升起革命旗帜的战舰，他们决意要反抗沙皇的统治。

陈培永教授：

这艘战舰在第二次世界大战的时候，面对德国法西斯的大举入侵，在敌不过的情况下，自沉于大海，战后才重新被打捞出来。在俄罗斯人的心目中，它绝非一艘普通的战舰。

主持人：

那么，"阿芙乐尔"号这艘战舰，它开炮的前因后果，三位专家能不能详细地给我们介绍一下？

蓝茵茵博士：

当时的情况是这样的：为了取得社会主义革命的胜利，列宁和布尔什维克人早就开始在波罗的海舰队开展思想政治工作，并在"阿芙乐尔"号上取得了成功。所以，在十月革命以前，"阿芙乐尔"号实际上就已经脱离了资产阶级临时政府的控制。

主持人：

也就是说先进行了"策反"？

蓝茵茵博士：

是的，完全可以这样说，而且效果非常好。这艘战舰当时已经变成了布尔什维克的前哨阵地。

陈培永教授：

我们常说没有无缘无故的爱，其实也可以说没有无缘无故的开炮。"阿芙乐尔"号之所以开这一炮，绝对跟当时俄国的历史背景是有密切关联的。当时俄国的实际情况，其实用几句话完全可以概括：第一就是经济文化落后，比起英、法、美这些国家，不知道落后了多少年；第二就是沙皇的统治黑暗，搞得民不聊生，各种矛盾问题突出。

主持人：

社会矛盾非常尖锐。

陈培永教授：

非常尖锐，民族矛盾、阶级矛盾乃至各种各样的矛盾都非常尖锐。所以"阿芙乐尔"号上的官兵，在这种情况下选择了一条他们认为有希望的出路，就是跟着列宁和布尔什维克干革命。当时他们提出了一个非常好的口号，不是"自由、平等、博爱"，而是"和平、土地、面包"。

主持人：

"阿芙乐尔"号这艘巡洋舰在十月革命当中到底发挥出了什么样的作用呢？

陈培永教授：

它的作用就是打响了十月革命武装起义的第一炮。

蓝茵茵博士：

这一声炮响啊，意义非凡。听到这一声信号的赤卫队、水兵和革命的彼得格勒卫戍部队像潮水一般冲进了临时政府所在地冬宫，逮捕了最后一任临时政府的部长。当时的总理见大事不好，急忙乘坐美国大使馆的汽车逃跑了。就在起义爆发当天晚上，全俄苏维埃第二次代表大会在斯莫尔尼宫召开，大会宣告临时政府已被推翻，苏维埃政府成立。

主持人：

现在我们想了解的是，十月革命是怎么能够成功的？我们又该如何看待十月革命的历史意义呢？

张国祚教授：

"阿芙乐尔"号的这一"炮"具有标志性的意义，它是十月革命武装起义所打响的第一炮。但是我们要这样看待这个问题，假如没有"阿芙乐尔"号巡洋舰打出的这一炮，十月革命其实也照样会爆发。为什么这么说呢？十月革命是1917年爆发的，此时正值第一次世界大战期间。当时的资产阶级临时政府是坚持要参加这次大战的，它不考虑俄国的现实情况，也从未想过俄国人民的死活。实际上，临时政府没能"看到"当时的俄国内部已经积聚了大量的矛盾，人民对它的不满已经接近一个爆发点。打个比方，彼时的俄国就好像一个极度压缩的火药桶一样，只待一个时机，就会砰然爆炸。应当说，列宁以及他所领导的布尔什维克人，抓住了这个时机。列宁当时从理论上对马克思主义已经有了较为深入的研究，他认为社会主义不必非要等待全世界革命同时爆发才能取得胜利。相反，革命完全可以首先在一国或者少数几国，在帝国主义统治最薄弱的一环上爆发，这是革命得以可能的有利条件。在他看来，当时的

103

俄国就是这样一个最薄弱的环节。历史证明，列宁的判断是正确的。十月革命开辟了人类历史的新纪元，它的一声炮响，向全世界传播了马克思主义，无论是对俄国社会主义革命的进一步发展，还是对世界无产阶级革命的开展来说，都有着不可估量的意义。

主持人：

特别是对中国的新民主主义革命也产生了非常巨大的影响。

张国祚教授：

是这样的。

「现场全息技术展现」

配　音：

1917年，十月革命以前，有好几个月，列宁化装成割草工人，隐蔽在圣彼得堡西北的拉兹里夫湖畔，湖边的树林是列宁的绿色"办公室"，天刚亮，列宁已经坐在树桩上，开始了一天的工作。

拉兹里夫湖畔的列宁

主持人：

您好，亲爱的割草工人列宁同志。

列　宁：

您好，请问，您怎么知道我是列宁？我以为自己的伪装工作已经做得够好了。请问你们是？

主持人：

请您放心，您是安全的。我和您不属于同一个时空，我正处在 21 世纪的中国，现在正在谈论您呢，您手中拿的是什么东西？能和我们聊一聊吗？

列　宁：

哦，原来如此，这是我正在写的一本新书手稿，书的名字我也想好了，准备叫《国家与革命》。

主持人：

那您能说一说它的核心思想吗？

列　宁：

这是一本着重对马克思主义国家理论进行系统阐释的著作，目的是想清除机会主义对马克思主义国家学说的歪曲，找出无产阶级革命斗争和政权建设的一些规律。

主持人：

是啊，革命与国家的关系问题已然是迫在眉睫的社会现实问题了，您的这本书将是一本论述国家问题的马克思主义的著作。

列　宁：

是的。我认为革命的根本问题是政权问题，同时，必须坚持无产阶级专政。

主持人：

相信在您的指导下，将来会引导一场改变世界格局的革命。因此，您也必将会成为全世界无产阶级和劳动人民的伟大导师。祝福您，列宁同志。

列　宁：

谢谢您，来自未来的人类。您肯定是知道我接下来要做的事情，但是我不会问询将来如何，因为不管是怎样的结果，我都会坚定信念，继续前行。

主持人：

我们很想了解一下十月革命以后苏维埃政权是如何巩固的，列宁又是如何领导人民建设社会主义的？

陈培永教授：

俗话说"打江山容易坐江山难"。实际上，新生的苏维埃政权当时还有许多工作要做：首先，它面临着国内和国外双重反动势力的"围剿"，必须要用武装斗争的形式来战胜国外的帝国主义干涉和国内的反革命叛乱；其次，在内忧外患的情况下，它需要组织起社会生产，进行有效的社会管理，以保障新生政权能够得以维持；最后，它还担负着领导世界无产阶级革命的重任，毕竟全世界无产者的目光那时都集中在苏维埃身上，它是全世界被压迫着的阶级的希望之火。

蓝茵茵博士：

在这种情况下，列宁和布尔什维克人采取了非常措施，当时发给共产党人的手册上有这样一句话："共产党人只有一项特权——最先为革命而战。"可以说，当时的人们把战斗和牺牲当成了生命的最高价值。但严酷的军事形势还只是一个方面，列宁还面临另外一个异常棘手的问题，就是粮食危机。因为当时像乌克兰、伏尔加河流域这些重要的粮食产区都已经沦陷，在前线英勇战斗的红军战士和后方的群众都面临着断粮的危险。诗人奥西普曾写下这样悲伤的诗句："彼得堡在光荣的贫困中奄奄一息。"

主持人：

这样看来，苏维埃政权当时是非常不稳固的，面临着内忧外患的困境。列宁采取了什么样的战略决策来应对这种不稳固的局面呢？

陈培永教授：

107

当时那种不稳固的局面用现在的网络流行语来讲，可以叫作"细思恐极"。简单地说，列宁采取了一种"战时共产主义"政策，这个政策的核心目的就是一切为了前线、一切为了胜利。它的基本内容包括把工业国家化、商业国家化，在农村实行"余粮收集制"——大家生产的多余粮食都要交公，并由国家统一计划分配。列宁就是以这种方式，保证了前线粮食的供应，稳固了整个新生的苏维埃政权。

张国祚教授：

"战时共产主义"所说的"战时"，表明了这个政策提出的历史背景和新生的苏维埃政权所面临的形势。什么样的形势呢？它面临多个帝国主义国家对新生苏维埃政权的绞杀，这就是所谓"战时"最直接的意思。它所说的"共产主义"又是什么意思呢？我们知道，按马克思主义理论，到共产主义那就是实行按需分配了。但是，这种战时的"共产主义"它是没有丰富的物质作为基础的。那么，它实际上是什么呢？就是绝对平均主义：商品不能自由流通，市场实际上是不存在的，一切按照计划分配——因为物资非常有限，所以需要大家平均分配。当时，这样的政策之所以能行得通，因为刚刚获得政权的工人阶级，他们知道，要捍卫这个政权，就要勒紧腰带，节衣缩食，布尔什维克怎么说，他们就怎么做。应当说，这个政策在当时发挥了重要的作用，保证了政权的基本稳固。

主持人：

苏维埃的"战时共产主义"政策维系了多长时间呢？

陈培永教授：

它确实是暂时的。在实行了大约两年之后，这个政策就已经宣告终结了。然后，一个新的政策出来了，那叫"新经济政策"。

主持人：

怎么来解读这个"新经济政策"呢？

蓝茵茵博士：

"新经济政策"呢，正好和刚才两位老师介绍的"战时共产主义"政策相对而行。它包括三个要点：第一，恢复了国内

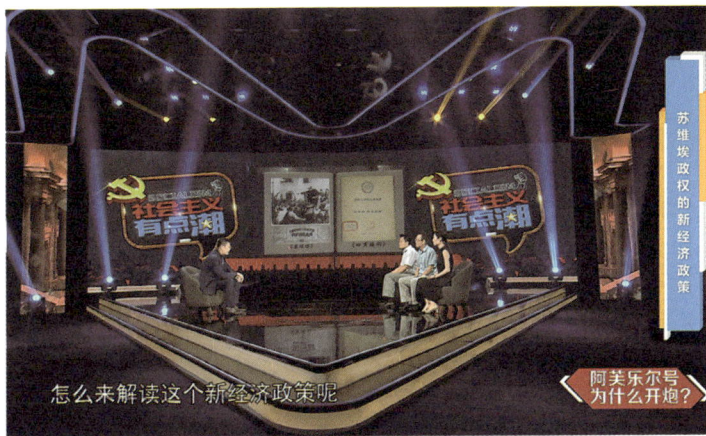

商品的自由流通，货币逐渐重新成为流通中的一个要素。第二，取消"余粮收集制"，改为征收粮食税，大大地减轻了农民的负担。第三，它甚至吸收了一些资本主义的因素或者说元素于自身。比如说，像国家无力经营的一些资源、矿产等，可以让私人资本进入；有一些小型的工商业也允许私人资本经营。

主持人：

刚才我们聊到了"战时共产主义"政策被一个"新经济政策"所替代了，我们也想知道这种"新经济政策"对稳固苏维埃政权有什么样的现实作用呢？

张国祚教授：

"战时共产主义"政策也好，"新经济政策"也罢，其实它们都围绕着一个目的，就是要巩固新生的苏维埃政权。列宁在十月革命胜利以后，面临着两方面的严峻挑战：一是外部的帝国主义国家勾结俄国国内的反动势力进行武装暴动；另一方面就是要战胜贫困、战胜饥饿。在这种内外交困的严峻形势下，列宁为什么能够引领新生的苏维埃政权胜利前行呢？最关键的是，布尔什维克赢得了苏联的工人阶级和广大农民的拥护。在经济方面，人民拥护你，你总得解决饿肚子的问题吧。所以，列宁先是采取了"战时共产主义"政策，让大家都有饭吃——哪怕吃得都少一点，但至少不能饿死人。随着形势的进一步演变，当前经济已经不能满足现状了，必须要有所发展、必须要调动起人们的积极性。怎么样才能调动起人们的积极性呢？这个时候就可以有市场经济了。有句名言说得好："一切以条件、地点和时间为转移。"那也就是说，马克思列宁主义，它并不是千篇一律的、僵化的教条，它要根据形势的发展而采取新的形态、新的纲领、新的策略。在帝国主义"围剿"的时候，采取"战时共产主义"政策是符合当时的国情的；当"围剿"被粉碎后，继续执行"战时共产主义"政策就不合适了。根据当时的情况，首要的任务是发展经济，由此就必须采取"新经济政策"，这样才能促使苏维埃政权朝着正确的方向不断地前进。列宁自己对此也有清醒的认识，他曾分析道："向纯社会主义形式和纯社会主义分配直接过渡，是我们力所不及的，如果我们不能实行退却，即把任务限制在较容易完成的范围内，那我们就有灭亡的危险……我们一致决定实行新经济政策。"

主持人：

列宁逝世以后，苏联进入了斯大林时期。1929 年，苏联的苏维埃代表大会批准了苏共中央的第一个五年计划。美国女记者斯特朗曾发出这样的感慨，全世界除了苏联以外，任何一个国家听到这个五年计划的时候，都把它看作是莫斯科的一个狂妄荒诞的计划，而这个计划却被苏联人民一步一步地实现了。

蓝茵茵博士：

刚才主持人讲到的这位美国女记者——安娜·路易斯·斯特朗，她骑着马在苏联境内采访，结果遇到一位乌兹别克的修路工人，这位工人只会三个简单的俄文单词：公路、汽车、五年计划。他就用这三个单词，搭配着手势，非常自豪地向斯特朗介绍。他说，我们眼前这一条小路，现在只能够走骆驼、走马匹，但是在我们的五年计划里面呢，它要变成一条直通向边境的、可以通汽车的大的公路。就这样，苏联的第一个五年计划在万众瞩目中登场了。

陈培永教授：

更重要的是这个五年计划不是只一个就结束了，它是一个接着一个。到了1938年的时候，苏联已经开始了第三个五年计划。也正是通过这样的五年计划，苏联的工业迅猛发展，很快赶上了当时西方的资本主义国家。据说那时，很多美国的技术工，他们最想移民的国家竟然是苏联。

主持人：

这倒确实令人震撼，我们特别好奇的是，这么骄人的成绩，苏联是怎么做到的呢？

蓝茵茵博士：

首先应该说是当时斯大林等苏共的领导层，他们采取了国家工业化和农业集体化的一个措施。我们现在观察苏联的整个工业化进程，有两个非常突出的特点：第一个就是高速度，第二个呢，就是偏向于发展重工业。1931年，斯大林在当时发表的一个演讲中这样说道："不、不能，同志们，决不能减低速度！恰恰相反，必须竭力和尽可能加快速度"，"延缓速度就是落后。而落后者是要挨打的。但是我们不愿意挨打。不，我们绝对不愿意！旧俄历史的特征之一就是它因为落后而不断挨打。"他甚至号召苏联用顶多十年的时间，要走完其他发达资本主义国家在五十年甚至一百年才能完成的道路。

张国祚教授：

这里面啊，最重要的是什么呢？就是我们要理解什么是社会主义。西方对苏联提出的计划经济感到非常奇怪，而且认为这是荒诞的妄想，这是因为自有阶级社会以来，从来没有一个国家、一个社会能搞什么计划经济，而且它还要搞五年计划经济，所以西方感到不可思议。但这正是社会主义的一大优越性。苏联和欧美一些资本主义国家相比，在沙俄旧时代，它是相对比较落后的，但是在苏联时期，为什么能大踏步地赶上资本主义国家，而且超过绝大多数资本主义国家呢？因为社会主义这种"集中力量办大事"的体制是非常有效率的。例如，苏联在1957年发射了地球上第一颗人造卫星，当时是把美国甩在后面的，这令美国感到很震惊啊："苏联怎么能这样，怎么超过我美国了？"

「现场播放资料片段」

主持人：

在世界反法西斯战争当中，苏联付出了惨重的代价，死伤近 2700 万人。是什么样的原因使得一度濒于绝境的苏联人民取得了惊天逆转呢？

第二次世界大战苏德战场

张国祚教授：

德国军队当时攻打苏联，采取的是闪电战。这是德国在第二次世界大战中经常采用的战术，可以说是横扫欧洲。在双方交手的初期，苏联一度节节败退，丢失了大部分土地，只能处于守势。在斯大林格勒保卫战中，德国军队和苏联红军，双方集中了多少兵力呢？上千架飞机、近千辆坦克和几千门火炮。在相对劣势的情况下，斯大林发布了著名的第 227 号命令："不准后退一步！"苏联红军发挥了一种大无畏的爱国主义精神，不怕牺牲，誓死争夺每一寸土地！正是在这种理想信念的支撑下，苏联红军顽强拼搏，将德国军队牢牢地钉在了斯大林格勒，尺寸未进。一名叫威廉·霍夫曼的德军团长在自己的日记中写道："他们不是人，而是某种钢铁铸成的东西；他们不知疲劳，不怕炮火。"最终，斯大林格勒战役成为第二次世界大战中规模空前且具有重大转折意义的战役。从此战役以后，苏联逐渐转入战略进攻态势，德国军队露出了此前从未显露过的疲态。

主持人：

希特勒可能没有想到他横扫了欧洲，但是遇到了社会主义

113

苏联，却"掉了链子"。

蓝茵茵博士：

当时也是一个沧海横流方显英雄本色的时代。正是在第二次世界大战中，在和德国法西斯的这种生死对决当中，苏维埃政权或者说苏联的社会主义制度展示了它的巨大威力。德国曾经是想在数月内就灭亡苏联，但是结果呢，它低估了苏联军民的爱国热情，低估了社会主义制度的巨大潜力，苏联强大的国民经济迅速地转化为战时体制，高效地运转起来。

主持人：

是的。今天回头来看，苏联卫国战争，可谓是人类战争史上的伟大史诗。这个伟大的胜利正是在斯大林的领导下取得的。

但是这些年来，反对斯大林、反对苏联社会主义的这种论调却一直不绝于耳，这又是怎么回事呢？

张国祚教授：

这个问题，你提得非常好。这些年确实是这样，一些人全盘否定苏联、否定斯大林，这是为什么呢？我们中国古人有一句名言，"灭人之国，必先去其史"。西方资本主义国家面对一个朝气蓬勃、越来越强大的苏联，感到非常恐惧，所以它们拼命地否定斯大林、否定苏联社会主义制度。但我们要知道，正是在苏共的领导下，一个原本相对贫穷落后的俄国，变成了一个日益强大、令西方恐惧不安的东方大国，这本身就是一个非常了不起的成绩。

陈培永教授：

所以这种方式是我们所要坚决反对的，也就是说，你故意往社会主义身上泼污水，往社会主义国家的领导人身上泼污水，想通过采取这种方式以达到在意识形态上彻底击溃社会主义的目的，我觉得，这是我们要坚决反对的。

「现场播放短片」

配　音：

1991 年 12 月 25 日，是戈尔巴乔夫作为苏联总统的最后一天，也是苏联存在的最后一天。当晚 19 时，戈尔巴乔夫通过架在总统办公室的苏联中央电视台和美国有线新闻电视台的摄像机，同时向苏联全国和全世界发表了告人民书。

最后的苏联，最后的一天

主持人：

一个由列宁亲手创建的党，一个曾经领导着俄国工人阶级推翻了反动沙皇政府，成功地建立了世界上第一个社会主义国家的党；一个抵御了多国武装干涉，胜利地捍卫了革命成果的党；一个在伟大的卫国战争中战胜了德国法西斯，并为世界反法西斯战争作出巨大贡献的党；一个取得了社会主义建设辉煌成就的党，并率先把人造卫星送上天的党，就这样突然结束了吗？为什么会这样？这里面又有着怎样的历史背景？

蓝茵茵博士：

应当说，这件事是非常令人惋惜的。特别是我们如果将苏共的这个党员数字，和整个苏共命运、苏联命运的历史进程联系在一起考察的时候，会发现这当中有一个巨大的落差。当苏联共产党仅有 20 多万党员的时候，它推翻了沙皇统治，成功夺取了政权；但是，当它有 2000 多万党员的时候呢，却丧失了政权，亡党亡国。

陈培永教授：

这一件事的发生，绝对可以说是人类社会史上具有巨大震撼力的事件。在苏联解体之后的很长一段时间，甚至直到今天，还有很多的学术团体、很多国家的政治家，都试图去研究这一段历史，以找到它解体的真正答案。

主持人：

读史鉴今。苏联共产党为什么在执政了 70 多年以后，丧失了它的执政地位，落了一个亡党亡国的局面呢？

陈培永教授：

其实苏联解体不是一朝一夕的事情，应该说和它在一个长期的历史过程中所犯下的错误没有得到及时纠正是有关系的。最典型的一个方面，就是对马克思主义的理解。苏联的思想理论，没能坚持列宁所提出的具体问题具体分析的方法，没能随着时代的变化、社会的变化而与时俱进；相反，它逐步演变成了僵化的教条主义、本本主义。同时，它长期不注重物质生活水平的提高，就是在后来的改革中，它其实也没有能够真正地让人民有获得感。也许，失去了人心，才是它最终一夜垮台的关键原因。

张国祚教授：

苏联啊，过去是和美国并驾齐驱的超级大国。这样一个超级大国，为什么顷刻之间就四分五裂，就解体了？全世界各国的政治家、外交家、战略家、理论家都在研究。有的说，那是因为苏联的工业布局不合理，重工业太重，轻工业太轻，忽视了民用工业。有的说，苏联那个制度太集权，太不民主。有的说，那是因为苏联没有处理好民族关系。有的说，那是因为苏联和美国搞军备竞赛，最后被人拖垮啦。应当说，这些说法，多多少少都有一定的道理。但是在这当中，有一个深层的原因是什么呢？就是苏联意识形态防线崩溃了。这是一个根本的原因！何以见得？这个问题，习近平总书记分析得非常深刻。他在全国宣传思想工作会议上曾强调："意识形态工作是我们党一项极端重要的工作。"为什么？因为意识形态工作，事关党的前途命运，事关国家长治久安，事关民族的凝聚力、向心力。对此，习近平总书记又作了深刻的分析，他提出："历史一再证明，一个政权的瓦解，往往是从思想领域开始的。政治动荡、政权更迭，可能是一夜之间的事，而思想领域演化则是个长期过程。一旦思想领域防线被突破，其他防线就很难守住。我们必须把意识形态工作的领导权、管理权、话语权牢牢掌握在手中，任何时候都不能旁落，否则就要犯无可挽回的历史性错误。"

到了 1968 年，苏联共产党的总书记是勃列日涅夫。他已经意识到这个问题的严重性了。所以他在一次苏共中央意识形态工作会议上，就忧心忡忡地提出，看一看我们党的历史，人们是在怎样污蔑、诽谤我们的党，然而我们有哪些党员能够勇敢站出来批驳这些错误观点？没有！尽管勃列日涅夫意识到了问题的严重性，但是当时苏联，确实是很僵化，包括它的宣传。那时候，它的宣传策略是一讲到西方就是一片漆黑，什么都不好啊，讲到苏联自己就是一片光明，什么都好啊，这显然不实事求是，也没有说服力。与之形成鲜明对比的是美国。美国在苏联周围建立了60多个电台，每天全天候用苏联各民族的语言进行广播，广播什么呢？广播西方的自由、民主、人权价值观，然后揭露所谓苏联的阴暗面。它的宣传是很讲究技巧的，不是喊空洞的口号，而是用这一个人的亲历、那一个人的纪实、另一个人的回忆录，等等，让苏联老百姓听着都觉得像真事似的。所以，苏联的意识形态，被渗透得很厉害。戈尔巴乔夫上台之后呢，搞了所谓的改革，但是这种改革，缺少科学的论证，所以苏联老百姓没有得到实惠。一方面，人民在物质上没有得到实惠。另一方面，西方否定苏联、否定共产党、否定社会主义制度的舆论，已经深入人心了。尽管当时苏联的军队完全可以和美国叫板，苏联的工业基础、科技基础、基础设施建设在当时也是一流的。但是这些，都无法挽救苏联的解体。最根本的原因，还是在于意识形态方面出了大问题，它背离了马克思主义，背离了社会主义的发展方向。

主持人：

好的。通过刚才我们三位专家对于这段历史的解读和分析，我想问问在座的大学生朋友们，你们持什么样的看法呢？

现场学生 A 提问：

主持人好，三位老师好！我曾经记得日裔美国学者弗朗西斯·福山提出：历史已经终结了，终结于资本主义的自由市场和民主。还有人认为东欧剧变、苏联解体，这些都说明社会主义不行了，在此我想听听三位老师们的看法。

陈培永教授：

对这个问题啊，我觉得我们也要去看一看福山理论的最新进展。"历史已经终结了"的观点，是他在 20 世纪 90 年代所著《历史的终结》一书中提出来的。现在，他已经改变了自己的观点了，可以说，那本著作的逻辑实际上已经被他自己亲手推翻了。

张国祚教授：

这位同学问的问题呢，倒是带有普遍性。他问的其实就是一个问题，福山说历史已经终结了，终结在资本主义的自由市场了，对不对？显然是错的。因为什么？因为他自己都否定了这一观点。福山近两年发表了很多东西，其中主要围绕一个问题，什么问题呢？他就说资本主义已经生病了，资本主义所谓的民主具有很大的局限性。如果说要问苏联解体、东欧剧变是否意味着社会主义不行了呢？我们的小平同志早就回答过了："我坚信，世界上赞成马克思主义的人会多起来的，因为马克思主义是科学。它运用历史唯物主义揭示了人类社会发展的规律……资本主义代替封建主义的几百年间，发生过多少次王朝复辟？所以，从一定意义上说，某种暂时复辟也是难以完全避免的规律性现象。一些国家出现严重曲折，社会主义好像被削弱了，但人民经受锻炼，从中吸收教训，将促使社会主义向着更加健康的方向发展。因此，不要惊慌失措，不要认为马克思主义就消失了，没用了，失败了。哪有这回事！"我想，这段

话可以送给我们这位同学。

现场学生 B 提问：

主持人好，三位老师好！我有一个问题，就是苏联这样一个如此庞大国家的解体对于我们国家而言又有些什么样的影响呢？

张国祚教授：

我们吸取了苏联社会主义的经验教训，开辟了中国特色社会主义道路。苏联刚刚解体的时候，在全世界引起很大的震动。当然也在中国引起很大的震动，无论是党内党外、国内国外，都有人提出一个疑问：中国这面社会主义红旗到底还能打多久？可以说，苏联解体，当时是一个非常巨大的政治冲击。但是，

我们中国共产党人冷静、沉着，坚定自己的理想和信念，坚信马克思主义没有过时，社会主义没有消亡。我们吸取苏联的经验教训，走好我们自己的路，这就是中国特色社会主义道路。现在看来，这条道路是非常成功的。

主持人：

世界上的第一个电灯，只闪了 10 秒钟不到。而第一架飞机，也飞行了不到一分钟。但是社会主义的苏联，它却坚持了 70 多年的发展，所以说社会主义事业，那是前无古人的事业，在探索当中前进、在奋斗当中发展。有奋斗，就会有牺牲；有探索，就会有失误。苏联虽然说解体了。但是"阿芙乐尔"号的炮声，依然在长空当中响彻。它激发了中国的革命——一条红船在浙江嘉兴南湖之上开始启航了。乘风破浪的这艘红船，就是我们下一期"南湖的红船为什么能破浪前行？"的主角。我们下期节目再见！

南湖的红船为什么能破浪前行？

4

主持人：

从空想到科学，从理论到现实，从一国到多国，社会主义潮涌 500 年。今天我们继续来聊一聊社会主义——

现场观众：

有点"潮"！

主持人：

没错，这里是全国首档"三新"进校园电视理论节目——《社会主义"有点潮"》的节目现场，我是主持人梅冬。在上一期的节目当中，我们为大家介绍了"阿芙乐尔"号战舰的一声炮响，揭开了俄国十月革命的序幕。这艘战舰从此也成为一个举世闻名、承载着历史重大转折的文化符号。今天，我们想和大家来聊一聊有关船的故事，这是一条当初只是漂泊在浙江南湖上的小船。但是它最终驶入了波澜壮阔的"大海"，给中国的革命带来了光明。为什么说这是一条给中国带来了光明的船呢？这条船又有着怎样曲折的故事和深刻的背景呢？今天我们继续请来三位嘉宾，给大家讲述"南湖上这一红船"的故事。有请张国祚教授！

张国祚教授：

同学们好！听说今天在场的都是理工科的大学生，理工科的大学生对社会主义感兴趣说明了什么？说明社会主义确实"有点潮"！好，今天和大家一起来聊。

主持人：

谢谢！陈培永教授！

陈培永教授：

大家好！社会主义"有点潮"，真的、真的、真的很"潮"！

主持人：

好，还是这样子的口号。美女博士，杨蕾！

杨蕾博士：

同学们好！

主持人：

请坐。我们首先来看一看关于这条船的故事。

「现场全息技术展现」

主持人：

今天我们看到的这条船，是南湖革命纪念馆按照原船的模型仿制的。它的船长呢，一共是 16 米，宽 3 米，内有前舱、中舱，还有房舱和后舱，右边有一条贯通道。正是在它的中舱内，召开了中国共产党第一次全国代表大会最后一天的会议，让本来看上去非常普通的一条江南小船，从此不再普通了。

南湖红船，破浪前行

杨蕾博士：

对的，就是这条小船，是一条临时租的、看起来非常普通的小船。记得前两年去嘉兴旅游的时候，我还专程去看了一下这条小船。当时，它被一根细绳子系在湖边随风摆荡，显得非常的简陋。船里面呢，空间也是比较狭小的，像我们有些个子比较高的同学，可能不弯腰就进不去那个船舱里面。

主持人：

这不就是现代版的一个《陋室铭》的感觉吗？"斯是陋室，惟吾德馨"，斯是陋室，光耀古今！现在，我们好奇的是，中国共产党为什么选择在这条船上来开这么重要的大会呢？

陈培永教授：

应该说也算是历史选择了这条小船。本来这一次重要的会议是在上海召开的，当时是 1921 年 7 月 23 日，原本选择的地方是上海的望志路，也就是今天的兴业路。这个会本来开得好好的，结果开到第七天的时候，有一个陌生人闯了进来。

「现场播放影视资料:《建党伟业》片段」

密探闯入中共一大会场

杨蕾博士：

大家可以在刚才的片段中看到，有一个人闯入了会场。闯入会场的这个人，他的名字叫程子卿，是当时上海法租界巡捕房督察长黄金荣的"拜把子"兄弟，他也正是通过黄金荣的这一层关系进入巡捕房成为一名探长。我们刚刚也看到，在视频里面，程子卿闯入会场之后呢，具有丰富地下工作经验的马林同志马上建议立即休会，代表们随即分头离开。为了安全起见，大家建议转移一大会址，这一转啊就转到了距离上海一百公里之外的嘉兴南湖。

他的名字叫程子卿

主持人：

这次会议大概是什么时候发起的？

陈培永教授：

发起就是在五四运动后。这里面有两个特别重要的人物，我们称之为"南陈北李"。"南陈"就是陈独秀，"北李"就是李大钊，两人曾有一番颇为惊险的经历。那是1920年的某日，陈独秀在武汉讲演完毕后，折回北京。刚到没多久，就被当时北洋政府的警察追踪，随时有可能被捕入狱，情况非常危急。与陈独秀早就熟识的李大钊，决定秘密护送他出京。当时，李大钉雇了一辆骡车，两人都打扮成商人模样，装作出门讨债的样子，乘着晨光悄悄出发，成功避开了警察的追捕。据说，就是在乘坐的这辆骡车上，两个人讨论了中国革命向何处去的问题。到天津以后，李大钊把陈独秀送上去上海的火车，临分别时，二人相约在上海和北京筹建中国共产党，史称"南陈北李，相约建党"。可以说，正是他们俩，拉开了随后整个中国共产党建立的序幕。

杨蕾博士：

1920 年的夏天至 1921 年的春天，各地的党组织相继建立起来了。在 1921 年的 6 月 3 日，一艘意大利的邮轮载着共产国际的代表马林，也就是刚才视频中果断终止会议的那个马林，来到了上海，与稍早几日到达上海的另一位共产国际的代表尼克尔斯基会合了。他们很快与陈独秀离沪期间主持上海党组织工作的李达、李汉俊取得联系，并交换了情况。随后，这两位共产国际的代表建议尽早召开党的全国代表大会。李达和李汉俊在征询了陈独秀、李大钊的意见之后，就立即着手给各地的党组织写信，要求每个地区分别派出两名代表来上海出席党的全国代表大会。

主持人：

我们看看有哪些人参加了这次建党大会？

杨蕾博士：

参加者有上海的李达、李汉俊；北京的张国焘、刘仁静；长沙的毛泽东、何叔衡；武汉的董必武、陈潭秋；济南的王尽美、邓恩铭；广州的陈公博；留日学生周佛海，以及陈独秀委派的包惠僧。就是这 13 位代表。

陈培永教授：

这 13 位代表里面，最年轻的是刘仁静，19 岁；年纪最大的是何叔衡，44 岁；参会代表的平均年龄为 28 岁。历史给了我们一个惊喜，当时毛泽东正好是 28 岁；而且还有一个更大的惊喜，在 28 年后也就是 1949 年，中国共产党团结带领全国人民建立了中华人民共和国，实现了中国从几千年封建专制统治向人民民主的伟大飞跃。

主持人：

你这一说，还真是一个非常有意思的数字啊！不过大家想知道的是，为什么当时要选择在那样一个时期建立中国共产党呢？

张国祚教授：

我们说，任何一个重大历史事件的产生都有其历史必然性。自鸦片战争以来，中国陷入了内忧外患的黑暗境地，山河破碎、战乱频仍、民不聊生，甚至面临着"亡国灭种"的危险。在这生死存亡的关头，当时一批中国先进分子，从十月革命的一声炮响中，第一次了解了马克思列宁主义，并从中看到了解决中国问题的出路。通过马克思列宁主义，他们找到了救亡图存的希望。而要将马克思列宁主义与人民斗争结合起来，要将这一理论付诸实践，又必须有一个坚强的组织。正是在这一时代背景下，中国共产党应运而生。所以，它在中国历史上的意义是什么呢？开天辟地呀！

主持人：

中国共产党虽然成立了，但是面对帝国主义、封建主义、官僚资本主义这三座大山，新生的共产党该如何展开有效的实践？毛泽东那句"枪杆子里面出政权"的著名论断，又该如何理解？

陈培永教授：

1927 年 8 月 1 日，南昌起义爆发，起义部队只用了 3 个多小时就结束了战斗，并占领了南昌城。然而，随后在反动势力的围堵下，起义部队不得不分批撤出南昌，走上了南下的艰难路途。1927 年 8 月 7 日，当时的中共中央随即在汉口召开紧急会议，这就是中国共产党历史上具有重大转折意义的"八七会议"。这次会议的主要目的是总结大革命失败的经验教训，确定今后革命斗争的方针。正是在这次会议上，我们党纠正了过去的右倾主义错误，确定实行土地革命和武装反抗国民党反动派的总方针。也正是在这次会议上，毛泽东同志提出了"以后要非常注意军事。须知政权是由枪杆子中取得的"这一著名论断。

张国祚教授：

"枪杆子里面出政权"，说的是一个很简单的道理，即手里要有武器才能够战胜敌人。在"八七会议"以后，我们党没有被严峻的形势所吓倒，而是决意以血与火的抗争来回击反动势力。随后，党领导的秋收起义、黄麻起义、广州起义等几次大的起义相继爆发。用习近平总书记的话说，"南昌起义连同秋收起义、广州起义以及其他许多地区的武装起义，标志着中国共产党独立领导革命战争、创建人民军队的开端，开启了中国革命新纪元"。自此，中国共产党走上了武装斗争的道路。然而，需要特别注意的是，这一武装斗争的形式，是否要照搬当时俄国的经验呢？不能！俄国十月革命的经验是什么？是在城市举行工人起义，而且它确实成功了。但是，这一经验并不适合中国，至少中国当时就没有像俄国那样组织严密、队伍庞大的工人阶级。历史也已经证明，1927 年以后党所领导的起义之所以有一些很快就失败了，就是因为那种试图在城市通过暴动、试图占领大城市来夺取革命胜利的方式，在中国是行不通的。中国要走什么道路呢？只能走以农村包围城市的道路。那么，党所面临的首要任务，就是必须得有一个立足之地，得有一个根据地。在这种时代背景下，毛泽东同志带领湘赣秋收起义的部队上了井冈山，在井冈山建立了红色革命根据地。为什么会选择井冈山来建立根据地呢？这就不得不佩服毛泽东同志的战略眼光了。井冈山位于湘赣两省边界、罗霄山脉中段，地形复杂，易守难攻，且回旋余地大，有利于部队开展军事斗争；同时，这里远离大城市，既远离了帝国主义的优势力量，又是军阀统治的缝隙处，反动力量统治薄弱，易于立足。

主持人：

我们不仅要有明确的路线，我们还要掌握枪杆子，最重要的是我们要有自己的根据地。"星星之火，可以燎原"，我们的红色革命根据地后来的发展形势是怎样的呢？

杨蕾博士：

在我们的革命根据地从星星之火形成燎原之势过程当中，还是存在着反复和波折的。例如，有些人在思想上产生了动摇，对建立巩固的革命根据地缺乏信心，认为这一艰苦的工作可能纯属徒劳，并希望采用流动游击的方式扩大政治影响力，甚至提出了"红旗还能打多久"的疑问。针对当时党内存在的这种悲观主义情绪，毛泽东同志还专门写了《星星之火，可以燎原》这篇文章作为回应，来阐释对中国革命前途的看法。

主持人：

据说，这是毛泽东同志写给林彪的一封信。

杨蕾博士：

是的。细心的读者可能会注意到，在 1991 年版的《毛泽东选集》第一卷《星星之火，可以燎原》这篇文章下有这样的注释："这是毛泽东给林彪的一封信，是为答复林彪散发的一封对红军前途究竟应该如何估计的征求意见的信。毛泽东在这封信中批评了当时林彪以及党内一些同志对时局估量的一种悲观思想。一九四八年林彪向中央提出，希望公开刊行这封信时不要提他的姓名。毛泽东同意了这个意见。在收入本书第一版的时候，这封信改题为《星星之火，可以燎原》，指名批评林彪的地方作了删改。"

张国祚教授：

其实啊，当时毛泽东同志写这篇文章，就像杨蕾博士刚才所说的，主要是回应革命队伍内部那种悲观主义情绪，通过对中国革命前途的阐释，打消人们对革命前途的怀疑。毛泽东有着坚定的革命信念，他认为这个根据地，一定能够生存，而且一定能够发展，也一定能够影响全国。所以他才提出"星星之火，可以燎原"。他把即将到来的中国革命高潮比喻成一只航船、一轮朝日和一个婴儿。他当时的原话是这样的："它是站在海岸遥望海中已经看得见桅杆尖头了的一只航船，它是立于高山之巅远看东方已见光芒四射喷薄欲出的一轮朝日，它是躁动于母腹中的快要成熟了的一个婴儿。"

主持人：

今天听起来依然是心潮澎湃啊！可以说，正是这种革命的大无畏情怀一直引领着全军将士们，直至开始新的长征。

「现场播放影视资料：《建党伟业》片段」

逆境中突袭：
飞夺泸定桥

主持人：

刚才我们看到的这个电影的片段，是红军长征中飞夺泸定桥时的壮烈情形，这是我们红军"长征精神"的鲜活展示。两万五千里长征，可谓一首伟大的史诗！占据了绝对优势的国民党部队，千方百计地来堵截、"围剿"红军，可最终为什么没能阻止红军胜利到达陕北呢？

陈培永教授：

当时的国民党反动派，置民族危亡于不顾，向我们的革命根据地发动了数次大规模"围剿"，意图彻底扼杀中国共产党。在生死存亡之际，我们党领导红军，毅然开始了可谓彪炳史册的长征。在我看来，长征之所以能够成功，首先在于我们党有着崇高的理想信念。这种信念犹如一团炽烈的火一样，始终在整个红军队伍中"燃烧"。即便几经挫折，我们仍能坚定执着，迎难而上；敌人的疯狂围堵、自然环境的极端恶劣，都无法摧毁我们的信念。正是秉承着这种压倒一切的革命精神，我们党领导着红军成功击退反动势力，征服了"人类生存极限"，最终取得了长征史诗般的胜利。当然，在战略战术上，毛泽东同志也扮演着重要的角色，他对于战场整体局势的把握的确高人一筹，四渡赤水、巧渡金沙江、强渡大渡河、飞夺泸定桥……每一次的调动，都出乎敌人的意料，给红军争取了时机和下一步行进的主动权。

主持人：

毛泽东在《长征》一诗当中，曾这样描述道："金沙水拍云崖暖，大渡桥横铁索寒。"

杨蕾博士：

是的，大渡河当时被国民党反动派视为不可逾越的天险。犹记太平天国运动时期的"翼王"石达开，他的十万大军就是在这里全军覆没的。但也正是在同样一个地方，红军却突破了敌人的所谓插翅难飞的大渡河防线。

主持人：

中国共产党没有做石达开第二。

杨蕾博士：

对！有一部组歌不知道大家听没听过，叫作《长征组歌》。在这部组歌里面有句词是这样写的："调虎离山袭金沙，毛主席用兵真如神。"当时我们的革命队伍，正是在大江大河之间飞奔，一路如有神助！

张国祚教授：

谈到长征的伟大意义，毛泽东同志在《论反对日本帝国主义的策略》一文中讲得十分清楚。他的原话是这样的："讲到长征，请问有什么意义呢？我们说，长征是历史纪录上的第一次，长征是宣言书，长征是宣传队，长征是播种机。自从盘古开天地，三皇五帝到于今，历史上曾经有过我们这样的长征吗？十二个月光阴中间，天上每日几十架飞机侦察轰炸，地下几十万大军围追堵截，路上遇着了说不尽的艰难险阻，我们却开动了每人的两只脚，长驱二万余里，纵横十一个省。请问历史上曾有过我们这样的长征吗？没有，从来没有的。长征又是宣言书。它向全世界宣告，红军是英雄好汉，帝国主义者和他们的走狗蒋介石等辈则是完全无用的。长征宣告了帝国主义和蒋介石围追堵截的破产。长征又是宣传队。它向十一个省内大约两万万人民宣布，只有红军的道路，才是解放他们的道路。不因此一举，那么广大的民众怎会如此迅速地知道世界上还有红军这样一篇大道理呢？长征又是播种机。它散布了许多种子在十一个省内，发芽、长叶、开花、结果，将来是会有收获的。总而言之，长征是以我们胜利、敌人失败的结果而告结束。谁使长征胜利的呢？是共产党。没有共产党，这样的长征是不可能设想的。"

在八集文献纪录片《长征》中，有两个故事让我至今难忘。一个故事叫作十八棵树。说的是这个村子里啊，有18个青年要跟着红军长征去了。每个要走的青年，他们都清楚地知道，此生可能再也回不到他们的故乡了。于是，这18个红军战士临走的时候，每个人栽了一棵树，希望后人能够记住他们曾经参加了红军。另一个故事发生在红军翻越雪山的时候，一个叫作刘志海的党员，在临死的时候把他唯一节省下的银元交给了党，作为最后的党费。无论是这种下的"十八棵树"，还是这"最后的党费"，都体现了红军战士对党的忠诚、对共产主义崇高理想的坚定与执着。我总在想，有这样的红军，什么天险战胜不了？什么敌人战胜不了？所以历史的事实告诉我们，即便在长征途中，红军将士历经600多场战斗，跨越无数高山险阻，穿过被称为"死亡陷阱"的茫茫草原，也始终无法击垮他们的斗志，也始终无法阻挡他们前进的步伐。的确，超越生存极限的环境，能够摧毁红军将士的肉体，但"平均 300 米就有一名红军牺牲"的悲壮情景，却摧毁不了红军的精神！有时，人们不得不承认伟大的意志是能够战胜一切艰难险阻的，而这一点，就在长征中体现得淋漓尽致！

主持人：

是的，经过了千难万险的行军，经过了艰苦卓绝的斗争，中国红军终于抵达了陕北，让延安成为中国革命的希望之地，也成为中国抗日战争中的坚强堡垒。

「现场播放短片」

解　说：

1937 年 7 月 7 日，日本发动了卢沟桥事变，抗日战争全面爆发。毛泽东面对国内出现的"亡国论"和"速胜论"，于 1938 年撰写了《论持久战》，系统阐明了持久抗战的总方针和争取胜利的正确道路。

毛泽东撰写
《论持久战》

主持人：

在第二次世界大战期间，日本是帝国主义列强之一，据说，他们曾狂妄地宣称要在"三个月内灭亡中国"。在当时，日本的军力、组织力以及经济实力，在亚洲都是最强的，即便在世界上也是数得着的。那么，为什么最终它会被当时相对落后的中国战胜了呢？共产党在抗日期间所发挥的历史性的决定作用又是什么呢？

张国祚教授：

关于这个问题，毛泽东同志在《论持久战》中讲得非常好。

在他看来，日本虽然军事力、经济力、组织力大大强于中国，但它有四个无法克服的缺陷：其一，日本所发动的这场战争是不正义的，是"退步的和野蛮的"。其二，战争的发动，实际上也激起了日本国内尖锐的阶级对立、日本民族和中国民族的对立以及日本和世界上绝大多数国家的对立。其三，日本的暂时强大是建立在其先天不足的基础之上的。毕竟，它是一个国土面积较小，人力、物力较为匮乏的国家。其四，日本在国际形势上"失道者寡助"。应该说，毛泽东同志指出的这四点，非常清楚地揭示了日本帝国主义在这场战争中的现状，特别是揭示出了其未来发展的走向，这一点非常关键。

陈培永教授：

在我看来，毛泽东同志的贡献在于，给当时的抗日战争提供了一种高屋建瓴的理论指导。当时国内曾出现了两种论调，一是"亡国论"，二是"速胜论"。前者具有妥协倾向，例如，有人觉得中国武器不如人，战必败，再战必亡；而后者具有轻敌倾向，例如，有人觉得依靠苏联和美国的力量，很快就能够把日本给消灭。与之不同，毛泽东同志运用历史唯物主义方法，在《论持久战》中详细分析了中日双方互相矛盾的态势，批判了"亡国论"和"速胜论"，得出了科学的结论：中国必然会胜利，但不是那么快的胜利。这一提法在当时极为关键，诚如著名哲学家冯契所言："最使我心悦诚服的，是在抗战期间读毛泽东的《论持久战》和《新民主主义论》。毛泽东的《论持久战》，是我在山西抗战前线读到的。这本书当时给前线战士带来的兴奋和所起到的思想解放作用，没有亲身经历、体验过的人是难以想象的……抗战的前途究竟如何？大家感到困惑，存在着许多思想问题。毛泽东的《论持久战》一出来，给大家指明了前途，使我们豁然开朗，解除了困惑，那种兴奋的心情是难于言表的。这本书以其理论力量一下子征服了我们……它以理论的彻底性和严密性来说服人，完整地体现了辩证思维的逻辑进程。"

主持人：

中国在面临反帝、反封建、反侵略战争最紧要最艰难的时期，毛泽东的《论持久战》真的是指明了中国抗战的方向和道路。今天我们回顾世界反法西斯战争，中国人民付出了惨重的代价，同时也为世界作出了巨大的贡献。

陈培永教授：

如果不是中国在东亚牵制住日本，那么第二次世界大战的进程可能就不会如同我们所熟知的那样发展。可以说，中国人民是以巨大的民族牺牲支撑起了世界反法西斯战争的东方主战场，中国共产党在抗日战争史上所起到的作用，因而要放到整个世界反法西斯战争的大框架中来考量。

「现场播放影视资料:《建党伟业》片段」

主持人:

中国人民在付出了巨大的牺牲和代价后，赢得了抗战的胜利，怎么能不去载歌载舞，尽情地狂欢

抗日战争的伟大胜利

呢？延安狂欢了三天三夜。但是，日本帝国主义这个强盗虽然已经被赶出中国了，可接下来中国该往何处去？是要建立一个光明的中国还是一个黑暗的中国？是要一个民主的中国还是要一个独裁的中国呢？

张国祚教授:

抗日战争的胜利，一度让中国人民看到了新的希望、新的前景。但中国究竟要向何处去？当时，是面临着两条道路的选择、两种命运的决战。就中国共产党来说，我们希望建设民主的、进步的、光明的、团结的中国。而国民党反动派呢？他们想建设一个什么东西呢？他们是想建设一个独裁的、退步的、黑暗的中国。为此，国民党反动派在美国的支持下，表面上作出"和谈"的样子来，背地里却在积极准备打内战。

主持人:

其实国民党反动派啊，其消灭共产党的这个心思一直就没有改变过。而且对中国共产党尤为不利的是，国民党当时有美国的扶助，大量先进的美式装备将反动势力武装到牙齿。但是，为什么看起来在军事上占据绝对优势的国民党反动派，却被只有"小米加步枪"的中国人民解放军打败了呢？

陈培永教授：

当时的中国共产党，虽然兵力比较少，但是有一股精气神，有顽强的革命意志和崇高的革命理想。他们清楚地知道为什么而奋斗、为谁而奋斗，也明确地了解怎样去奋斗。他们和人民群众那就是鱼和水的关系，始终紧紧依靠着劳苦大众。

正是在人民力量的打击下，不经几年，貌似强大的反动派及其统治机器就节节败退，乃至最终彻底坍塌了。在某种程度上，我们甚至可以说，中国共产党人就是用一种延安的作风战胜了重庆的作风。

杨蕾博士：

说到这儿我想起了一个小故事，1946年10月，在时任中共中央西北局书记习仲勋的统筹下，国民党陕北保安指挥部副指挥胡景铎，弃暗投明，率部发动了横山起义。在横山起义之后，毛泽东在习仲勋的陪同下，接见了起义的部队。他当时就很幽默地对胡景铎说，你能够下国民党的"这艘船"，而踏上中国共产党"这艘船"，是一个很正确、很明智的选择。因为虽然国民党的这一艘船看起来很大，但实际上却已是千疮百孔。

主持人：

所谓"蒋家王朝"的这艘破船。

杨蕾博士：

对！不仅破，而且马上就要沉没了。相比之下，中国共产党"这一艘船"呢，却非常坚固，并且将会越变越大、越变越强。

张国祚教授：

这里面蕴含着深刻的道理。马克思主义强调，只有人民才是推动历史前进的动力；我国古代也有一个哲理，叫"得人心者得天下"。没有人民的支持，一切都只是空中楼阁；而如果能牢牢扎根人民、紧紧依靠人民，有什么事情是做不成的呢？中国共产党的胜利就是得到了全国人民的衷心拥护，而国民党反动派的失败则是因为它完全丧失人心。

「现场播放视频资料：《开国大典》片段」

主持人：

这是让全中国人最心潮澎湃、最激动的一个画面。如果说俄国十月革命的胜利是开辟了人类历史上的一个新纪元，那么中华人民共和国的成立，它的现实历史意义又是什么呢？

开国大典

张国祚教授：

中国共产党带领全国人民推翻了帝国主义、封建主义、官僚资本主义三座大山，建立了新中国，它的意义对中国来说那也是划时代的。中国的革命，显然是在俄国社会主义革命的影响之下发生的，也是在苏联共产党和苏联人民的支援下取得胜利的。夺取政权之后呢，我们当然也要建设社会主义。中国走上社会主义道路，这对整个世界社会主义运动发展来说，也是一个非常伟大的历史事件。但是中国的社会主义应当怎么走？是不是完全可以照搬苏联的经验呢？在这个问题上，我们有过探索，有过经验，也有过教训。我们可以说是在原来一穷二白的基础上，建立起了一个令许多发展中国家非常向往的崭新的社会主义新中国。

主持人：

所以说邓小平同志是这样评价毛泽东的："他多次从危机中把党和国家挽救过来。没有毛主席，至少我们中国人民还要在黑暗中摸索更长的时间。"在他看来，毛泽东同志最伟大的功绩，就是把马克思列宁主义的原理与中国革命的实际结合起来，从而指出了中国夺取革命胜利的方向。

主持人：

我们这个党，从南湖出发的时候，究竟是一种什么样的力量，能够让它这样破浪前行？共产党的初心，又指的是什么呢？

张国祚教授：

全心全意为人民服务，是我们中国共产党的根本宗旨。我们怎样才能更好地为人民服务呢？怎么样才能使人民走向幸福呢？必须得坚定不移地沿着社会主义、共产主义的路线前进。所以在我看来，我们党的初心就是不要忘记社会主义、共产主义的理想信念。我们从《乌托邦》到《共产党宣言》，从俄国十月革命再到中国的红船，这一路走来，始终没有偏离这个大的方向。

主持人：

好，接下来的时间将话筒交给大家。如果你有什么感悟或问题要和我们的嘉宾一起共同探讨的话，请举手。这位同学！

现场学生提问：

大家好，我是中南大学的一名学生。我有一个问题想请问在场的老师们。中国共产党最初只有 13 名代表，50 多名党员，发展到现在已经是有 8900 多万名党员的执政党了。请问它成功的秘诀是什么？它对想创业的个人和团体有什么样的启示？谢谢老师。

杨蕾博士：

这个我来讲一讲吧。其实我觉得最关键的两个字，就是"信仰"。这里可以给大家分享一个故事。我们知道，《共产党宣言》的第一个中文版本是陈望道翻译的。在陈望道翻译《共产党宣言》的时候，他的母亲端了一盘粽子在他的旁边，他就一边吃粽子一边翻译。等他的母亲过来收碗筷的时候，就问他："那个糖甜不甜啊？"他说："甜，甜，很甜很甜！"结果他母亲凑近一看，咦，怎么吃粽子吃到嘴上全部都是墨汁啊？原来陈望道不是蘸糖吃的那个粽子，他是蘸着墨汁吃的。此时他吃的实际上不是糖，他吃的是一种"信仰"。我们说，我们只有有信仰，坚信我们自己走的这条路是对的，坚定我们做的事情是对的，我们才会花费百分之百的精力、用百分之百的干劲去实现它。

主持人：

的确是这样的。

杨蕾博士：

我们知道，全球最大的社交网站 Facebook，它的首席执行官扎克伯格的案头就摆着一本《习近平谈治国理政》。

张国祚教授：

我认为，中国共产党能够成功的"秘诀"，主要在于以下五点：第一，它有坚定的理想信念；第二，它有科学的理论作指导；第三，它必须有"解放思想、实事求是"的勇气和态度；第四，它必须得全心全意依靠人民，全心全意为了人民；第五，必须脚踏实地从我做起。在这五个"秘诀"当中，最重要的是什么呢？最重要的就是要有理想信念。

主持人：

是的。"长风破浪会有时，直挂云帆济沧海。"我们有过无数次的胜利，但是我们也有过无数次的失败。我们有荣光也有失误，但是我们不忘初心，矢志向前，最终确定了一条正确的道路，那就是中国特色社会主义道路。在下一期中，我们将要谈一谈，中国特色社会主义究竟"特"在哪？谢谢各位嘉宾，谢谢朋友们。下期节目再见！

中国特色社会主义 "特" 在哪？

5

主持人：

从空想到科学，从理论到现实，从一国到多国，社会主义潮涌了500年。今天我们继续来聊一聊社会主义——

现场观众：

有点"潮"！

主持人：

没错，这里是全国首档"三新"进校园电视理论节目——《社会主义"有点潮"》的节目现场，我是主持人梅冬。"潮平两岸阔，风正一帆悬。"南湖那艘红船的航迹从新民主主义革命一直到社会主义革命建设，到改革开放，再到建设有中国特色的社会主义……一路走来，它的前途始终是光明的。占世界人口将近五分之一的中国只用了近40年的时间，就完成了西方世界将近100年的工业文明的进程，而且现在已成为全世界第二大经济体。您说，中国特色社会主义"潮不潮"？

现场观众：

"潮"！

主持人：

没错，这是发自同学们心底的肯定回答，但是我们取得如此辉煌的成就，它的原因是什么呢？

现场学生 A 回答：

是总设计师邓小平同志。

现场学生 B 回答：

是改革开放。

现场学生 C 回答：

我认为是中国特色社会主义理论的指导。

主持人：

好，三个同学从三个不同的层面回答了这个问题，但是你们的回答准不准确呢？接下来我们有请三位专家继续为大家来

做深度的阐述，有请张国祚教授。

张国祚教授：

大家好，中国特色社会主义对你们一点都不陌生，因为你们生在其中、长在其中、看在其中、学在其中，也思考在其中，那么中国特色社会主义究竟"特"在哪里，这个问题值得聊。

主持人：

谢谢，请坐。陈培永教授。

陈培永教授：

我还是那句话，社会主义真的、真的、真的有点"潮"！

主持人：

好，请坐。美女博士，蓝茵茵。

蓝茵茵博士：

现场的同学们，你们好！电视机前的观众朋友们，你们好！

主持人：

请坐。张教授，刚才三位同学从不同的层面回答了我提出的那个问题，您觉得他们回答得准确吗？

张国祚教授：

应该说他们的回答都与这个问题相关。不过，我认为，要回答中国特色社会主义究竟"特"在哪里，可能首先还要思考一下，中国特色社会主义是怎么样提出来的？我们搞清楚了这个提出的背景，对中国特色社会主义的"特"，可能就会有更深刻的理解。

主持人：

接下来，我们就来聊一聊中国特色社会主义是怎么提出来的，来，请看短片。

「现场播放影视资料：《历史转折中的邓小平》片段」

邓小平：

今天，我主要讲一个问题，就是解放思想，开动脑筋，实事求是，团结一致向前看。

十一届三中全会

解　说：

1978年12月13日，邓小平发表了题为《解放思想，实事求是，团结一致向前看》的重要讲话，这实际上是党的十一届三中全会的主题报告，是中国共产党领导人民开辟中国特色社会主义新道路的宣言书。

张国祚教授：

刚才，我们从片中看到，邓小平同志只讲了几句简单的话，说要"解放思想，开动脑筋，实事求是，团结一致向前看"。为什么这几句话博得了全场的热烈掌声呢？因为这几句话实际上有深刻的内涵，有明确的针对性。为什么谈到解放思想呢？因为自从社会主义思想传播到中国以来，我们实行的是什么样的社会主义呢？实行的是借鉴苏联模式的社会主义，也就是说，以计划经济为主。在这种情况下，中国社会主义应该走什么道路，应当往什么方向发展呢？这就存在两个问题了：我们是继续实行过去那种以计划经济为主的社会主义呢？还是我们撇开社会主义的道路而去搞西方的自由主义呢？当时就存在这样的分歧。在这个紧要的关头，邓小平同志高瞻远瞩地提出来，我们要实行中国特色社会主义。这样的社会主义既不同于过去的苏联，也不同于我们改革开放之前的社会主义，而是具有我们中国特色的社会主义，这个中国特色社会主义就是这样提出来的。而在当时，这样一种理论的提出，是需要解放思想的，所以小平同志第一句就讲解放思想。那么，怎么样才能解放思想呢？一个重要的问题，就是要恢复我们党的思想路线。我们党的思想路线又是什么呢？那就是"实践是检验真理的唯一标准"，一定要"一切从实际出发"，一定要"实事求是"。我们必须从中国当前的实际出发，从世界的实际出发，具体问题具体分析。历史已经证明，今天我们的社会主义应当走什么道路，必须坚持走中国特色社会主义道路。

主持人：

在中国进入到大转折的关键时期，"建设有中国特色的社会主义"，这是个著名的论断。

陈培永教授：

中国特色社会主义的提出啊，与解放思想的大讨论是密切关联的。当时有一篇很重要的文章叫《实践是检验真理的唯一标准》，这篇文章随即在全国范围内引发了热烈的讨论。

张国祚教授：

为什么叫大讨论？因为对这个问题的认识、有关这个问题的意见和分歧，涉及当时整个思想理论界，也涉及我们党下一步的指导思想和方向。一句话，就是我们要不要调整工作重心，放弃以阶级斗争为纲，而坚持以经济建设为中心；要不要坚持"实践是检验真理的唯一标准"。当时真是一场大讨论！

主持人：

所以，"解放思想"这四个字是一个非常鲜明的标签！

蓝茵茵博士：

对！对于思想解放或者说解放思想，刚才两位老师已经讲得比较透彻了。值得一提的是，大家还需要注意解放思想中的具体实践。一般说来，打响这个"解放思想"第一炮的，是当时安徽省委第一书记万里同志。在 1979 年年初，他首先在肥西县支持包产到户。邓小平同志对这种实践和理论上的"解放思想"，作了高度肯定。他的原话是这样的："一个党，一个国家，一个民族，如果一切从本本出发，思想僵化，迷信盛行，那它就不能前进，它的生机就停止了，就要亡党亡国。"可以看出，这是从非常高的一个层面，对解放思想、勇于实践进行了重要的肯定。

主持人：

从 1978 年年底提出启动改革开放，经过 3 年多的试验和积淀，到 1982 年，邓小平同志把握住了全面开创社会主义现代化建设的新局面，感觉到了这样的一个机遇期已经来临了。

「短片：中共十二大开幕词（1982 年）」同期声

邓小平：

把马克思主义的普遍真理同我国的具体实际结合起来，走自己的道路，建设有中国特色的社会主义，这就是我们总结长期历史经验得出的基本结论。

中共十二大：建设有中国特色的社会主义

主持人：

这是 1982 年在党的十二大上，邓小平同志主持开幕式时的讲话。在开幕词当中，他正式提出了"建设有中国特色的社会主义"这样一个重要的命题。

张国祚教授：

对！小平同志实际上已经回答了什么是中国特色的社会主

义。在他看来，要将马克思主义基本原理和中国实际相结合，走自己的道路，从而建设有中国特色的社会主义。"特"在哪里？首先是要走自己的道路。而这条自己的道路又是怎么得来的呢？是把马克思主义和中国的实际相结合。那么，这个"结合"是什么意思呢？概括起来，就是"一个中心，两个基本点"。其中，"一个中心"就是坚持以经济建设为中心，而不像过去那样，坚持以阶级斗争为纲。"两个基本点"呢？一个是坚持四项基本原则，一个是坚持改革开放。坚持四项基本原则，就是坚持党的领导，坚持马克思列宁主义、毛泽东思想的指导，坚持社会主义道路，坚持人民民主专政。这"四个坚持"，用邓小平同志的话来说，是我们的立国之本。如果不坚持四项基本原则，我们搞的就不可能叫社会主义。坚持改革开放，就是我们的体制、我们各个方面的工作，一定要有创新，一定要改革，一定要打破过去那种僵化的模式。如果不这样做，中国很难向前发展。四项基本原则是立国之本，改革开放则是强国之路，二者缺一不可。"一个中心，两个基本点"实际上就是中国特色社会主义最本质的内容了。

陈培永教授：

我觉得小平同志采取了一个非常好的方法，他先说什么不是社会主义，所以我们就知道贫穷不是社会主义，发展太慢不是社会主义，平均主义不是社会主义。讲清楚了一系列不是社会主义的东西之后，在这个基础上他就能很明确地提出我们中国特色社会主义是什么样子的，即：解放生产力，发展生产力，消灭剥削，消除两极分化，最终达到共同富裕。所以我觉得，正是因为小平同志能够具体问题具体分析、正视当时中国的现实，大胆解放思想、努力探索创新，才促成了中国特色社会主义的提出。

主持人：

刚才各位专家提到了"一个中心，两个基本点"，从理论上阐述清楚了中国特色社会主义的核心价值。但我们想进一步了解，中国特色社会主义这个概念提出来以后，还能从其他哪些方面来确证它的"特"呢？

张国祚教授：

至少可以从四个方面来确证：中国特色社会主义，它走的是什么道路才能称之为"特"？中国特色社会主义，它坚持的是什么样的理论指导才能称之为"特"？中国特色社会主义，它建立了什么样的制度才能称之为"特"？中国特色社会主义，它的文化究竟是什么，才能称之为"特"？可以说，中国特色社会主义是改革开放以来党的全部理论和实践的主题，其最本质的特征是坚持中国共产党的领导。中国特色社会主义牢牢立足社会主义初级阶段这个最大国情，牢牢把握新时代我国社会主要矛盾，坚持党的基本路线，以经济建设为中心，坚持四项基本原则，坚持改革开放，自力更生，艰苦创业，朝着中华民族伟大复兴的目标奋勇前进。

蓝茵茵博士：

关于中国特色社会主义道路，习近平总书记有一个非常生动的比喻，他说："鞋子合不合脚，自己穿着才知道。"中国特色社会主义是一双什么样的"鞋"呢？应该说它绝不是西方资本主义的"洋鞋"，不是生搬硬套的"套鞋"，而是一双有中国特色的"北京布鞋"。诚如张国祚教授刚才所说的，中国特色社会主义可以从道路、理论体系、制度、文化方面来勾勒它的全貌。接下来，我们就看一下中国特色社会主义理论，它到底"特"在哪里？第一个，就是它"破"的方面，也可以说，就是变革的方面。所谓的"破"就是它放弃了、摒弃了过往理论当中过时的部分，例如，放弃了"一切以阶级斗争为纲"的路线。第二个，就是它对以往经典作家提到了但是受限于时代而没有或没能进一步阐发的问题，进行了与时俱进的探索，其中最典型的就是关于计划和市场的关系问题。这个摸索可谓是没有先例的。比方说，1992 年，邓小平同志先后到武昌、深圳、珠海、上海等地视察，并发表了一系列重要谈话。在这些谈话中，他就谈到了计划和市场都是手段。到了中国共产党第十四次全国代表大会上，我们就明确提出，我国经济体制改革的目标是建立社会主义市场经济体制。到了 2013 年党的十八届三中全会上，习近平总书记提出了市场在资源配置中要起决定性作用的提法……这些探索，都是随着当时社会的变化、都是依据当前的实践而确立的，是对以往马克思主义理论的重大发展。第三个，就是它的创新方面。无须多言，如果中国特色社会主义没有创新的意蕴，没有结合新的时代条件和实践条件而发展，没能以全新的视野把握时代规律的话，我们的社会主义也无法取得今天的成就。

主持人:

这么说来,与时俱进、解放思想、实事求是,这都是中国特色社会主义的鲜明特征,同时也是它非常深刻的内涵。

张国祚教授:

我们说中国特色社会主义,它仍然是社会主义,既然仍然是社会主义,它就不能偏离马克思主义理论的基本论述、基本观点。社会主义是什么?社会主义就是要消灭剥削,消除两极分化,最后实现共同富裕。而怎么样才能做到这一点呢?必须解放生产力、发展生产力。那么,怎么样才能解放和发展生产力呢?那就必须坚持改革开放。所以前面我讲到"一个中心,两个基本点"。很明显,不坚持四项基本原则,何谈什么社会主义?所以这个基本点是必须坚持的。同时,不坚持改革开放,生产关系就会不适应生产力的发展,怎么办?必须得调整生产关系以适应和助推生产力的发展。怎么调整?那就需要解放思想,就需要实事求是,就需要一切从实际出发,与时俱进、不断创新。

主持人:

那么现在,中国特色社会主义制度比起西方的体制制度,具有优越性吗?

张国祚教授:

其实你问的这个问题啊,恰恰问到了点子上。我们今天之所以强调要制度自信,就是因为改革开放以来,有些人认为我们的制度不行，西方所谓的民主制度才是好的，甚至希望搞什么"全盘西化"。这个问题实际上就是要正面回答，我们的制度究竟好不好？说我们的制度好不好，关键要看它符不符合中国的国情，关键要看这个制度是给中国带来了迅速的发展，还是迟缓的慢行。显然，历史和实践已经告诉我们，我们的制度带给中国的是经济的高速增长，是发展质量和效益的不断提升。在这种实践证明面前，有什么理由说我们的制度不好呢?!同西方所谓的民主制度相比，我们这个制度最大的特点是可以"集中力量办大事"。现在有很多人佩服中国共产党一件事，什么事情呢？我们早上说想要干什么事，下午差不多就开始了，甚至明天就干成了。这就是我们制度优势所带来的行动能力。比方说，"5·12"汶川大地震，这是人类历史上罕见的一次重大自然灾害。但在我们党和政府的领导下，"一方有难，八方支援"，众志成城，很快战胜了这次人类历史上罕见的重大自然灾害。而且，灾后的重建工作在某种程度上可以说是创造了一个奇迹。这就是我们的制度，它的组织力、动员力、号召力、执行力，都是非常强大的。

主持人：

所以说，在历史上，我们的民族曾经历过苦难，经历过痛苦和徘徊，甚至是曲折和倒退。但恰恰是在中国特色社会主义这样一个制度下，我们又感觉到，今天的文化得到了空前的繁荣和发展。

张国祚教授：

我们的文化确实是有得天独厚的优势。首先，我们有上下五千年优秀的传统文化。我们的传统文化无论是在人格修养、志向的确立、哲理的提升，还是有关治国理政方面，可以说是博大精深。习近平总书记就曾说过："中华优秀传统文化是我们最深厚的文化软实力，也是中国特色社会主义植根的文化沃土。"我们还有什么呢？我们还有革命的文化，如南湖红船精神、井冈山精神、长征精神、延安精神、西柏坡精神，等等。中国共产党，能够从无到有、从小到大、从弱到强，能够带领全国人民推翻帝国主义、封建主义、官僚资本主义三座大山，建立新中国，又走上社会主义改革开放的道路，以至于过去那个积贫积弱、一穷二白的中国，发展到现在国内生产总值稳居世界第二，任何一个国家都不敢轻视我们，靠的是什么？靠的就是初心不改、矢志不渝；靠的就是勇于开拓、不断创新；靠的就是我们自己的一股精气神！在这其中，社会主义先进文化无疑起到了重要作用，真可谓"文化自信是一个国家、一个民族发展中更基本、更深沉、更持久的力量"。

主持人：

实际上，在文化创新的领域，中国也是站在了世界的前列，中国的文化也成为一种先进的文化现象。

陈培永教授：

我们之所以能够做到文化创新，我觉得，一方面是得益于我们深厚的优秀传统文化；另一方面，也是更为重要的方面，在于我们的社会主义先进文化能够在继承历史的同时，创造性转化、创造性发展那些源于我们民族自身的东西。可以说，我们既有文化创新的基础，又有文化创新的路径，更有社会主义先进文化作为核心支撑。正是这样，我们才有了驱动文化创新的不竭动力。

主持人：

我们说中国特色社会主义，它的"特"是不是还有很多其他内容？

张国祚教授：

肯定是还有很多其他内容的。其实，我们每个人都可以从自己的亲身经历出发，感受中国特色社会主义"特"在哪里、好在哪里。这个"特"，从宏观上来讲，无论是"一个中心，两个基本点"，还是我们刚才谈到的道路、理论、制度、文化方面，都属于它的整体"骨骼"和内在"支架"，都是里面最核心的东西。然而，有一点我们需要注意，我们应当真正地讲清楚、阐释明白中国特色社会主义在当前时代"特"在哪里，又"好"在哪里，而绝不能陷于纯粹理论上的思辨，或者说，停留于抽象的概念和术语。

主持人：

其实我们每一个人都能深刻地感受到国家的发展，都能从我们所生活的城市、我们的家庭，包括我们日常生活的方方面面中，感受到一种根本性的变化，感受到一种时代向前进步的潮流。这是一种好的感受，这又是一种真实的感受，这还是一种微观的、植根于我们每个人内心的感受。所以，我们说中国特色社会主义好，就一定会有好的千万个理由。

蓝茵茵博士：

事实胜于雄辩！现在的中国，是一个什么样的国家呢？我们是全球第二大经济体，第二大对外投资国，第一大外汇储备国，第一大货物贸易出口国……我们可以非常自信地说，这条路，中国特色社会主义道路，我们是走对了！

陈培永教授：

我们可以从我们的日常生活中去感受一下所谓"翻天覆地"的变化。就说我们的高铁，它在全世界范围内都是处于领先地位的——无论是从规模上，还是从发展速度上而言。我们今天上午可能还在长沙吃臭豆腐，当天下午就可以在广州悠闲地喝下午茶了。但是放在以前，大家也许只能坐那个绿皮火车，慢慢慢慢地去。科技的迅猛发展，极大地缩短了以往时

165

空所带给我们的限制，至少我们的父辈，在他们的那个时代，是很难想象这样一种坐着飞驰的高铁便能朝发夕至的生活方式的。

张国祚教授：

每个人都可以谈出中国特色社会主义好的感受。当然，我们不否认看问题要辩证地看。比方说，大家前面讲了，每个人都有自己的经历，每个人都有自己的感受，在日常生活中，也会碰到一些不如意、不顺心的事情，也会时时感到焦虑。可能有人就会想，既然有这么多问题，那中国特色社会主义好在哪里呀？对这个问题，我们不能一味沉湎于负面情绪和狭窄视野的"闭环"中，而要善于看大局、看总体、看发展态势，善于将历时性审视和共时性剖析辩证地结合起来，既要把当代中国放在历史的长截面中去进行纵向比较，又要把当代中国置于国内国际两个大局下来横向比较。有了这样两个比较，我们得出的结论，可能就相对客观和公正了。大家想一想，从19世纪中叶开始，什么时候的中国能像今天这样国泰民安？与以往民不聊生、山河破碎的时代相比，你能说中国特色社会主义不好吗？! 当然，历史的终将归于历史，我们更应该着眼当下、放眼未来。但无论如何，实践已经证明，我们当前走的这条道路，是符合中国国情的，是正确的。不过，那些戴着"历史虚无主义"的眼镜来观察世界的人，是永远学不会用历史唯物主义的方式看待这个问题的，在他们的眼里，仿佛一切都是凭空长成，没有过去没有将来；而那些如同马克思所说的"满口讲的都是所谓'震撼世界'的词句"的人，是永远学不会低头走路的，在他们的眼里，仿佛一切都可以用"词句"来加以改造，没有历史的传承也没有现实的实践。

主持人：

说得真是太好了！刚才我们从理论的维度、历史的维度、现实的维度和个体的维度，阐发了中国特色社会主义"特"在哪里，又"好"在哪里。就像陈培永教授每次开场总要重复三遍"社会主义真的、真的、真的有点'潮'"一样，中国特色社会主义就"生发"在我们每个人的具体实践当中，它和我们的生活一并成长！实际上，我相信在座的每一位大学生朋友都会有同样的感受，中国特色社会主义和我们的家庭、和我们的学业、和我们的未来，一直是息息相关、生死与共的！那么，在你们的心目当中，对于中国特色社会主义，又有哪些思考呢？

现场学生 A 提问：

主持人好，三位老师好！我是中南大学交通运输工程学院的一名学生。我记得有一位英国记者曾经说过，中国人手中常备两把钥匙，一把是"中国特色"，另一把是"国际接轨"，似乎这是中国人最熟悉也是最时髦的两组词了。所以我想请问三位老师，如果真是这样，"中国特色"和"国际接轨"之间是否存在着矛盾呢？

蓝茵茵博士：

我想首先来回答一下这个问题。所谓"中国特色和国际接轨是否存在矛盾"的这一提法，它在问题被提出之前，实际上就已经预设了一个有待证明的前提，即"中国特色"与"国际接轨"应该是不相容的。如果不是暗含了这样一个带有倾向性的预设前提的话，从逻辑上来讲，这个问题就根本不能被提出。那么，不管这个预设前提本身是否正确，至少它采用的视角就很片面。从哲学上来说，它使用的是一种"非此即彼"、截然对立的区分方法。实际上，中国特色社会主义对于整个世界而言，是非常有价值的。看起来，它仅代表着我们自己国家的特殊性，然而，在这种特殊性之中，恰恰生发和蕴含着超出其自身的普遍性。说得更明确一点，暂且抛开每个国家具体国情的区别，至少在发展的思维方式上，我们有一点是其他发展中国家完全可以借鉴的：那就是务必要将发展的道路与自己国家的实际有机结合起来。

主持人：

其实刚才那位同学提的这个问题，就像蓝茵茵博士说的那样，我觉得还是有一点陷阱在里面的。说"中国特色"和西方社会的接轨，也就是所谓的"国际接轨"，如果说预设了两者的不相容，那么似乎有一种"国际接轨"优于"中国特色"的价值判断；如果说预设了两者是相容的，那还真是一个需要厘清的问题。

陈培永教授：

你这句话说到了点子上，它绝不仅仅是一个陷阱，实际上它也揭示了一种话语策略：如果说觉得跟国际上差不多，某些人就能说这个是与"国际接轨"；如果说这个跟西方的不一样，某些人就能说这个是所谓"中国特色"。所以它骨子里是用西方的一种发展模式，或者说，是以西方作为衡量万物的绝对尺度，来看待"中国特色"的做法。在这个意义上而言，我倒是觉得这个问题其实很重要。它提醒我们，一旦在话语体系层面使用"中国特色"这四个字的时候，一定要把它作为一个很深刻的概念去运用，而不能够随意地讲这个是"中国特色"，那个也是"中国特色"，什么都是"中国特色"。应该始终明确的是，"中国特色"这一提法，是要放在"中国特色社会主义"这八个字里面，是要与中国道路相联系，才能具有它自己独特的内涵。如果剥离掉它的背景，抽掉所有限定，单独就概念来空谈概念，一定会出现问题。

张国祚教授：

刚才这位同学提的这个问题，我觉得很有意思。这位英国记者对中国的观察，倒比我们许多中国人自己观察得还仔细。他讲这个"中国特色"，讲这个"国际接轨"，实际上，我们自己要清楚自己的特色是什么。前面我们概括了"一个中心，两个基本点"，谈到了"中国特色"就是要走社会主义道路，就要坚持改革开放。涉及改革开放，必然涉及国际接轨的问题。现在我们需要注意和区分的是，改革开放虽然意味着和国际接轨，但我们在哪些方面能接轨、在哪些方面不能接轨或者至少暂时不能接轨，这一点应该非常明确。哪些方面需要接轨呢？例如，在经济管理、科学技术的发展方面，我们肯定要接轨。2017年5月，习近平总书记在"一带一路"国际合作高峰论坛开幕词上的演讲中，就提出携手推进"一带一路"建设，努力实现政策沟通、设施联通、贸易畅通、资金融通、民心相通。不与国际接轨，你怎么实现这"五通"啊？

但有一点，我们不能轻易接轨；轻易接轨，我们就会落入某种陷阱。比方说改革开放初期，我们经济比别人落后很多，出去谈很多事情人家不认可，认为你是个穷国。于是我们有些同志就产生了错觉。什么错觉呢？说他们为什么不认可我们呢，那是因为我们的话语没有和他们接轨。所以就有一种提法，说我们的话语要与国际接轨。这当中就有陷阱。什么陷阱呢？我们争取话语权当然是没错的，我们要说什么、怎么说，我们希望别人来听，这也是国家实力的一种体现。但是话语，它始终只是一种外在的表现形式，它最终反映的是一种深层次的思想理论。如果我们盲目地在话语方面去和西方接轨，难免就会让西方的某些思想观念渗透进来，甚至把那些对我们来说是有害的东西，也一并接受进来了。此时，就涉及意识形态层面的问题了。这跟自然科学不一样，一加一等于二，全世界都说对，没有分歧；但在意识形态层面，那是仁者见仁、智者见智，而且必然和特定的国家、特定的政治制度、特定的文化密切相关。我们认为好的、应当支持的东西，西方不一定这样认为；而西方竭力"贩卖"的东西，我们也不一定认为它就好。所以在这个过程当中，在"国际接轨"这个问题上，我们一定要保持清醒的头脑，牢牢掌握意识形态工作领导权，加强意识形态阵地的建设，尤其要注意区分政治原则问题。

主持人：

我听明白了。这就是说，我们虽然坚持海纳百川、有容乃大，但是我们一定也要有所甄别、有所选择。

张国祚教授：

对。

主持人：

朋友们，理论探讨似乎往往能够"穿越时空"。在这有限的时间里，大家回顾历史、立足当下、放眼未来，共同阐发了中国特色社会主义的"特"和它的"好"。中国特色社会主义这一伟大实践，令社会主义在中国焕发出了蓬勃的生机，也给世界社会主义的发展带来了曙光。我们对中国特色社会主义充满了信心，我们要在这条道路上不忘初心、坚定不移地前行；我们要在这条道路上去筑梦、追梦和圆梦。路在脚下，梦在前方！我们下期的节目就是："'中国梦'是个什么梦？"谢谢各位专家，谢谢同学们！下期节目再见。

6

"中国梦"是个什么梦？

主持人：

从空想到科学，从理论到现实，从一国到多国，社会主义潮涌 500 年。今天我们继续来聊一聊社会主义——

现场观众：

有点"潮"！

主持人：

没错，社会主义"有点潮"。这里是全国首档"三新"进校园电视理论节目——《社会主义"有点潮"》的节目现场，我是主持人梅冬。从空想的乌托邦岛到《共产党宣言》的问世，从"阿芙乐尔"号的一声炮响到中国南湖的那艘红船，社会主义"潮涌"的逻辑已经由远及近、从小到大、从虚到实，变得越来越清晰，越来越有力量了。今天是《社会主义"有点潮"》节目的最后一期了，那么按照我们的理论逻辑，这也应该是从空想潮涌到科学、从理论潮涌到现实、从低潮潮涌到高潮的这样一个巅峰时刻了。在今天的节目中，我们一直想，该用一个什么样的主题来铭记我们关于社会主义的共识，来发挥社会主义的这股力量呢？我们继续和专家来互动、思考。好，有请三位专家，张国祚教授！

张国祚教授：

同学们好！外国朋友们好！梦有万千，梦有多解，那么"中国梦"该如何解析呢？"中国梦"和社会主义又是什么关系呢？这个话题很有意思，很值得一聊。

主持人：

期待。陈培永教授！

陈培永教授：

社会主义"有点潮"，真的、真的、真的很"潮"！

主持人：

美女博士，杨蕾！

杨蕾博士：

大家好！

主持人：

请坐。好，各位，今天我们的节目，要从一个短片开始。

「短片」同期声

习近平：

每个人都有理想和追求，都有自己的梦想。现在，大家都在讨论中国梦，我以为，实现中华民族伟大复兴，就是中华民族近代以来最伟大的梦想。这个梦想，凝聚了几代中国人的夙愿，体现了中华民族和中国人民的整体利益，是每一个中华儿女的共同期盼。（《习近平谈治国理政》，外文出版社，第36页。）

中国梦：每一个中华儿女的共同期盼

主持人：

2012年11月29日，习近平总书记在参观《复兴之路》展览讲话时，首次提出中华民族伟大复兴的"中国梦"。为什么在这个历史节点上，习近平总书记要提出"中国梦"这个概念呢？

张国祚教授：

这个问题，刚才习近平总书记的讲话应当说得很清楚了。"中国梦"是什么呢？就是实现中华民族伟大复兴这一理想，这就是"中国梦"。应当说，习近平总书记是站在历史的高度，以历史纵深的眼光来看待"中国梦"的发展历程。我们注意到习近平总书记在讲话中使用了"近代以来"这一提法，为什么要强调"近代以来"呢？在我看来，这和我们国家的历史进程密切相关。大家都知道，自19世纪中叶鸦片战争以来，我们国家在西方列强的侵略下，被无情地掠夺、瓜分乃至践踏，逐步沦为半殖民地半封建的社会。在那时，一些先进知识分子对我们国家、对我们民族的前途命运，感到非常担忧，也曾采取了一系列的办法，试图实现救国救民。然而，这些办法最终都失败了，被历史证明是行不通的。后来，我们中国共产党在马克思主义的指导下，经过不懈奋斗，先后实现了各个阶段的梦想。首先，我们推翻了帝国主义、封建主义、官僚资本主义这三座大山，建立了新中国，中国人民从此站立起来了，西方列强几百年来凭借在海岸上架起几尊大炮就可以霸占一个国家的时代自此一去不复返了。接着呢，我们进入了沿着社会主义道路大步前进、进行社会主义建设的时期。经过30多年的改革开放，极大解放和发展了社会生产力，中国逐渐富起来了。这又是一个阶段性的梦想。但是，这个梦想并不意味着结束，相反，它指向着未来，指向着继续朝中华民族伟大复兴前进这样一个更宏伟的目标。如果说第一个阶段，我们是摆脱了"落后就要挨打"的命运；如果说第二个阶段，我们实现了逐步"富起来"的任务；那么当前的第三个阶段，就是中国"强起来"。可以说，近代以来久经磨难的中华民族实现了从"站起来"、"富起来"到"强起来"的历史性飞跃。所以这个"中国梦"，一定要站在这种历史发展的长线去看它的内涵、它的目标。

陈培永教授：

"中国梦"在这个时代被提出来，有一个很重要的原因，用习近平总书记的话来说就是："我们比历史上任何时期都更接近中华民族伟大复兴的目标。"同时，每个时代都有每个时代的精神，每个时代都有每个时代的价值观念，当今中国社会正处于转型期，"中国梦"的提出，可谓是达成共识、形成合力、凝聚"最大公约数"以推进社会主义事业的有力保障。

主持人：

但是"中国梦"刚刚提出的时候，有一些搞理论的同志担心，这一提法是不是有点不太合适。他们的理由也很有意思：马克思、恩格斯好不容易把社会主义从空想变成了科学，而列宁和毛泽东是把科学变成了现实，结果现在呢，怎么要把现实变成一个梦想呢？

杨蕾博士：

其实，这个问题跟梦想含义的双重性是有关系的。我们都知道，梦想一方面可以点燃人们的激情、激发人们的斗志、凝聚人们的共识，从而去追寻美好的愿望或者是理想的目标；但另一方面，我们有时候也用它形容不切实际的空想和幻想。区分这两者的关键就在于：有没有实现这一理想的现实道路或具体条件。而中国特色社会主义道路，经过历史和现实实践的证明，就是通向我们的"中国梦"的道路。所以说，我们的"中国梦"是取第一层含义而不是第二层含义的。

陈培永教授：

我很认同杨蕾博士讲的这个观点，也就是中国梦的"梦"不是做梦的"梦"，不是空想社会主义者的"空想之梦"，而是能够实现的那种梦想的"梦"。在第二集讲到马克思的时候，我曾引用了他中学毕业时的作文《青年在选择职业时的考虑》，马克思在里面谈到了"幸福将属于千百万人"的那种事业。今天，我们的"中国梦"，无疑也是一项伟大的事业。可以说，我们今天正延续着以往马克思主义者们的事业，进一步把它在我们的现实中呈现出来，也就是将梦想照进现实。

张国祚教授：

如果深刻理解习近平总书记关于"中国梦"的阐释，"中国梦"它一方面是一个理想目标，另一方面，也正像陈培永教授刚才说的，是我们今天正在进行着的事业。梦当然有双重含义，经过努力可以实现的那是美好的理想；无法实现的、违背客观规律的，那是什么呢？那是空想。当然了，我们讲的这个"中国梦"，它绝不是所谓的"空想"，而是经过几代人、几代中国共产党人流血牺牲、不断奋斗所追求的一个目标。历史实践已经告诉我们，这个目标是可以通过我们的努力逐渐实现的。正像习近平总书记所讲的那样，我们从来没有离中华民族伟大复兴这个目标这样近过，我们这个"梦"正一步一步在路上坚实地走着。

主持人：

说起"中国梦"，大家不免会想起"美国梦"。当以习近平同志为核心的党中央响亮地提出要实现中华民族伟大复兴"中国梦"的时候，有一些人难免就会把"中国梦"和"美国梦"联系在一起。我们现在就想请三位专家来谈一谈"中国梦"和"美国梦"到底有什么区别？

陈培永教授：

首先，我们必须承认一点，就是所有国家、所有公民的梦想，它可能都有一定的相通之处，我们不能完全说"中国梦"和"美国梦"就没有任何的相通之处，好像一定要截然区分和对立起来。显然，"美国梦"和"中国梦"都反映了两个国家、不同民族的人们，对自己所在的国家以及美好社会的一种向往。至于说"中国梦"和"美国梦"有什么不同的话，我觉得，一方面"中国梦"会更有历史的厚重感，毕竟它是从我们中华五千年的文化积淀中生长出来的，不可能说存在脱离我们的文化和历史而凭空产生的东西。另一方面，我觉得"中国梦"还特别强调社会公平，习近平总书记多次强调"一个都不能少""小康不小康，关键看老乡"，等等。这些提法，其实都反映了我们现在追求的是人们共同梦想的实现，追求的是人们享有实现梦想的机会。

杨蕾博士：

实际上"美国梦"它更为强调的是个人价值的实现。我们知道很多美国大片，像《钢铁侠》《蜘蛛侠》《绿箭侠》里——各种各样的"侠"——的主角，基本都是独来独往的，而且总是在最关键的时刻能够担负起拯救人类和世界的重任。重点是，他们一定要经历所谓的迷茫和挫折，一定要有一个个人心路历程的转换，才能实现个体的升华。有时我自己看这些电影，甚至会产生这样的感觉：这些塑造出来的"英雄"，都有所谓"能享受孤独、能承受孤独才是个人的胜利"这样一种价值倾向。而相对比之下，我们的"中国梦"，它实际上更强调个体的发展和整体的发展之间的协调。比方说，大家看我们的功夫电影，编剧的一个"套路"都是这样的：主人公同样会经历各种各样的挫折，他也会反思自己，但他不会享受所谓的孤独，也不会只是从这种孤独中去寻找个体的力量。他最后总是要团结一切可以团结的力量，打败对手并获得胜利。所以实际上，我们从中国和美国的电影当中，也能够寻找到一些"中国梦"和"美国梦"的差异。

张国祚教授：

对这个问题，首先，我们应该了解"美国梦"是什么时候提出来的？提出它的背景又是什么？在20世纪30年代的时候，美国一个历史学家詹姆斯·特拉斯洛·亚当斯在《美国的史诗》一书中，第一次提出了"美国梦"这一概念。那么，亚当斯为什么要在30年代这个节点上提出"美国梦"呢？这是因为，在

1929 年到 1933 年期间，美国经历了非常严重的经济危机，也就是我们通常所说的"大萧条"时期。

主持人：

严重的经济危机？

张国祚教授：

是的。当时美国有一首儿歌，形象地描绘了危机时的景象："梅隆拉响汽笛，胡佛敲起钟。华尔街发出信号，美国往地狱里冲！""往地狱里冲"，说明在经济危机的冲击下，美国普通的老百姓不仅生活感到非常困难，而且很迷茫，不知前路在何方。美国历史学家威廉·曼彻斯特在他那本著名的记录美国历史的《光荣与梦想》一书中，就曾写道："千百万人只因像畜生那样生活，才免于死亡。"这一情景描述的正是美国大萧条时期的民生状况。就是在这种历史背景下，亚当斯提出"美国梦"这个概念。他是怎么理解和阐释"美国梦"的呢？在他看来，"美国梦"不需要靠任何国家，不需要靠任何组织，只要你勤奋、有勇气、有创意、有决心，那么你就可以渡过难关，慢慢地过上美好的生活。所以"美国梦"一经提出，就流行开来，后来美国的一些专家学者还有一些政界人士，逐渐把这个"美国梦"唱响了，作为团结美国人民、让美国走向富强的这么一个口号。

主持人：

能不能说，"美国梦"的提出，是作为一种激励美国人民的信条呢？

张国祚教授：

可以说当时是作为一种激励的信条的。但是后来呢？后来，美国一些政客往往就把这个东西给泛化了，变成什么了呢？说"美国梦"就是自由、民主、人权，你全世界都要向我学习，变成这么个东西了，这就非常片面了。

我们中国在历史上曾经是领先于世界、引领世界潮流的，比方说我们的四大发明——指南针、火药、造纸术、印刷术。没有指南针就没有世界地理的大发现，我们今天这些外国朋友也不会来到我们的现场；没有火药，资产阶级炸不开封建的城垒；没有造纸术和印刷术，西方的文明不可能发展得那么快速。所以我们有十足的理由为我们自己的文明感到骄傲、感到自豪。但是近代以来，我们落伍了，特别是鸦片战争失败之后，中国在国际上没有任何地位和尊严。当时的中国人就迫切地想知道，我们中国怎么样才能摆脱这种被侵略、被奴役、被瓜分的命运呢？

主持人：

就是说，如何能摆脱那"三座大山"。

张国祚教授：

所以当时的中国人就有梦想。梦想什么？就是梦想要推翻帝国主义、封建主义、官僚资本主义这三座大山。正是在这样的背景下，一代一代的中国人在追寻，也在不断地完成他们的历史使命。到了今天，我们离中华民族伟大复兴的目标越来越近了，我们再一次提出"中国梦"，这个梦就更加有吸引力，更加有凝聚力，更加能够团结全国人民一心一意朝着这个理想进发了。

主持人：

今天我们来深入探讨一下，我们提出来的"中国梦"，它的现实意义到底是什么呢？

杨蕾博士：

我们说"中国梦"这个概念，它实际上是一个大众话语，它是对政治话语的一个创造性转换。大家听起来觉得它很亲切，对不对？实际上，"中国梦"它是我们当代中国发展进步的一首昂扬旋律，也是激励我们中华儿女奋斗的一面精神旗帜。

陈培永教授：

在我看来，"中国梦"的提法，很接地气，就是我们每一个人都可以去阐发自己的"中国梦"——"中国梦，我的梦"。中华民族伟大复兴"中国梦"，可以说是我们通往未来共产主义社会的一个阶段，这应该是它的一个很重大的意义。

张国祚教授：

要讲"中国梦"的意义，首先要明确它的内涵。实现中华民族伟大复兴，这就是"中国梦"。既然讲伟大复兴，就会有一个历史的对比，就要有一种历史的提升。历史的提升指什么呢？第一，国家富强；第二，民族振兴；第三呢？那就是人民幸福。我们每个人都要居家过日子，都要生存、都要发展，都有自己的梦想。而"中国梦"就是我们每个个体之梦的"最大公约数"。为什么是"最大公约数"呢？所谓一千个人眼中就有一千个哈姆雷特，不可能所有人的想法都整齐划一，完全一样。每个人都有自己的一些想法，但并不是说每个人的想法都是正确的。因此，我们追求的是绝大多数人都可以接受的理想，这就是"最大公约数"。

主持人：

国富，民强。"中国梦"是实实在在的中国人的获得感。

杨蕾博士：

为什么说"中国梦"是一个非常接地气的概念呢？我们可以从更小的方面来看一下，其实对我们每一个普通人来说，"中国梦"其实就是我们大家向往的生活呀！我们说天下大同是"中国梦"，同学们毕业之后能够找到一个好的工作也是"中国梦"。"中国梦"有一个非常重要的意义，就是让我们相信明天会更加美好。它存在于每一个人心中，体现在每一个平凡的追梦人身上。正是无数个这样的、像我们大家这样的追梦人对梦想的追求，汇聚成了我们的"中国梦"。

主持人：

是的。所以有人说一个国家处在发展上升期的标志之一，就是开始拥有"造梦"全民、凝聚全民的能力了。今天，我们看到，中国人筑梦的脚步更加铿锵有力，我们将通过自己的努力和这个国家一起迎接更加美好的未来。其实我也相信在座的每一位大学生朋友们，都有自己的人生梦想，我们请现场的朋友们来表述一下你自己心中的梦想。

现场学生 A：

主持人好，老师同学们好，我是湖南师范大学公共管理学院的学生。在我看来"中国梦"是一个总体的、宏观的概念，具体到我们每一个人来说"中国梦"就是我们每一个人具体的梦。我们每个人可能在生活中有着我们不同的理想，但是我们这些不同的理想都有一个共同的特点，就是我们想要在社会生活中使我们自己变得更加完善，达到一个人生的新高度。所以说，我们所有人的这些理想汇集在一起，我觉得就构成了我们的"中国梦"。

湖南师范大学　学生

主持人：

涓涓细流，汇成江海。好，谢谢！

现场学生 B：

我是湖南师范大学思想政治教育专业的学生。我认为"中国梦"从国家层面来说呢，就是民族振兴、国家富强。对人民群众来说，就是提升人民的幸福感，提升人民的物质需求和精神需求的满足感。就我个人而言，我现阶段最大的梦想就是在大学四年充分利用好大学的教育资源，全力提升自己的素质能力。在毕业之后，我想成为一名中学教师。

主持人：

你的家乡在哪里？

现场学生 B：

在甘肃兰州。

主持人：

是一个城市的大学生？

现场学生 B：

哦，不，我家在农村。

主持人：

你毕业以后会回到农村吗？

现场学生 B：

嗯，应该会回去吧，我现在是想回去。

主持人：

好，努力实现你的教师梦。来，有请下一位！

现场学生 C：

我的"中国梦"就是在大学阶段开启创业之旅。因为现在国家有很多扶持大学生创业的政策，将有利于我实现梦想。同时我也希望很多和我一样有着创业梦想的大学生，能够通过自己的努力，助推中国经济和"中国梦"的实现。

主持人：

说得好。今天，我们现场也来了几位外国朋友，我们想听听这些在中国留学的外国大学生们，他们的人生梦想是什么呢？

外国留学生 A：

大家好，我叫墨雅，我来自多哥，我现在在长沙理工大学学习，我的专业是土木工程。

主持人：

什么样的一个梦想？是不是跟造房子有关呢？

外国留学生 A：

不一定。

主持人：

不一定？

外国留学生 A：

对！

主持人：

谈谈看。

外国留学生 A：

对于我来说，中国梦想就是我在中国所学到的知识。在这里，我的知识不仅日益见长，我还学会了入乡随俗。我的梦想就是，让我的国家更了解中国的茶文化。为了实现这个梦想，我学会了做各种各样的茶，希望把这些中国文化，特别是茶文化带回我自己的国家。

189

主持人：

好。

外国留学生 A：

最后我想说，不管你的梦想是什么，一定要有信心，坚持下去，永远不要放弃。

主持人：

好，谢谢，说得非常棒！

外国留学生 B：

大家好，我叫李薇，我也是长沙理工大学的一名学生。关于中国梦想，我自己的梦想就是当作家，我非常希望把我在中国的生活写成故事，给小朋友们看，让他们了解中国的文化。

主持人：

那你在中国这么多年了，你学到了什么本领吗？

外国留学生 B：

特别学了中国的民族舞。

主持人：

民族舞啊？

外国留学生 B：

是的。

主持人：

你看，这个女孩，真的是能歌善舞，希望她能早日实现自己的作家梦。

外国留学生 C：

大家好！我是来自多哥的莫松客。其实梦想对我来说，就是成长。我认为只要大家成长，社会才能好，只要大家自己知道该做什么，然后该怎么去做，把事情做好，社会就能够不断发展。

主持人：

说得很有道理。

外国留学生 D：

大家好！我是长沙理工大学土木工程专业的留学生武乐，我也是来自多哥。如果大家有机会去多哥的话，你们会发现多哥这个国家在一些方面还是比较落后的，在很多方面都应该向中国学习。我来中国之后学了不少技术，也学了不少的思维方式，我的梦想就是把自己的国家建设得像中国一样好！将来回到我的祖国，我希望能够把我所学到的东西贡献给祖国的建设，谢谢大家！

191

把所学运用到国家建设上

主持人：

太好了，希望你能学有所成。

外国留学生 E：

我叫阿夫塔姆，中文名字是李向阳。我来自巴基斯坦，你们都应该知道巴基斯坦。我的梦想是中国和巴基斯坦变成很好的朋友。

主持人：

"巴铁"一样的朋友！能不能用巴基斯坦的语言、你的母语来向我们电视机前的观众问个好啊？

外国留学生 E：

（巴基斯坦语）好的。如果你们来到巴基斯坦，我们会很欢迎，会很开心，热烈欢迎你们！

主持人：

好，谢谢，请坐。我觉得刚才这几位留学生有一个共同的地方，他们的汉语说得很棒。

杨蕾博士：

对。

主持人：

张教授，您听了刚才留学生们谈的关于在中国的梦想时，会不会有这样一种感觉：今天，我们真的是处在一个不一样的时代了？

张国祚教授：

刚才一共五位外国朋友，他们有一个共同的特点，不仅是汉语好，而且他们都很爱自己的国家。他们每个人在讲自己梦想的时候，都想到我怎么从中国学到了知识回去报效我的国家。我想，我们在座的中国大学生，也应当有这样的一种爱国情怀。我们许多大学生在谈"中国梦"的时候，讲到接地气，这个我是完全赞同的，当然要接地气，人不能总飘浮在空中嘛！但是，如果我们仅仅只想自己，只关心自己的小家庭，如果我们十三亿多中国人都这样想，那么中国将只会是一盘散沙。我们不能这样！当今的大学生们，一定要有历史的责任感，一定要有历史的担当，不能忘记，要报效自己的国家。

现在，我们都在学习、培育、践行社会主义核心价值观，社会主义核心价值观的二十四个字大家应该都耳熟能详了。从国家的层面来看，是"富强、民主、文明、和谐"，这意味着我们是要建设这样的国家，这样的国家才是我们实现"中国梦"的目标。从社会的层面来看，是"自由、平等、公正、法治"，这意味着我们要追求这样的社会。那么为这样的国家、这样的社会，我们能做点什么贡献呢？从公民个人层次来讲，第一句就是"爱国、敬业、诚信、友善"。作为公民，作为当代的大学生，这八个字，我们做到了多少？我想，当我们讲"中国梦"是什么梦的时候，当我们讲"中国梦"包括我们每个人的梦的时候，我们还有些人，对于什么是"中国梦"，这个"中国梦"和我个人之间究竟有什么关系，并不一定非常清楚。我想，通过今天这期节目，从五位外国朋友的现场发言中，我们应当受到启发。

另外，世界各国人民，将要怎么看待我们的"中国梦"

193

呢？就像习近平总书记所讲的，我们要树立一个良好的国际形象。什么良好的国际形象呢？我认为有以下四个方面：一是树立历史厚重、民族多元一体、文化多样和谐的文明大国形象；二是树立政治清明、经济发展、文化繁荣、社会稳定、人民团结、山河秀美的东方大国形象；三是坚持和平发展，促进共同发展，维护国际公平正义，树立一个为人类作出贡献的负责任大国形象；最后，我们应当更加开放、更加富有亲和力，树立一个充满希望、充满活力的社会主义大国形象。

陈培永教授：

大家在谈梦想的过程中，我发现，"中国梦"不仅仅造福中国人民，还会造福世界其他国家的人民。这些同学的发言，给我留下了很深刻的印象，他们能够站在整个国家、社会的发展和自己梦想的实现这个角度上去思考问题，去思考怎么样让中国的梦更好地实现，让自己的梦更好地实现。

主持人：

那么，怎么样才能真正实现我们的"中国梦"呢？

杨蕾博士：

我们说，今天的中国离中华民族伟大复兴这一梦想，比以往任何时候都要更近一些。但是我们仍然需要清醒地认识到，在我们圆梦的道路上，还是存在着许多的困难和阻碍。面对这样一些实际问题，我们要如何解决呢？大家都知道，党的十八届五中全会提出了"创新、协调、绿色、开放、共享"的五大发展理念。实际上我们在发展的过程当中就要坚

194

持这五大发展理念。我们要坚持创新的理念，将更多的中国制造升级成中国创造；我们要坚持协调的发展理念，要促进城乡之间、贫富之间的相互协调发展，也要促进我国的物质文明建设和精神文明建设的协调发展；我们要坚持绿色发展理念，要保护自然环境，实现人类和自然环境的协调发展；我们要坚持开放发展理念，与国际社会有更多的合作，共同解决一些全球性的问题；当然我们还要坚持共享发展理念，就是我们要通过制度化的方式，让我们的发展成果，更加具有公平性和普惠性，让我们的老百姓，拥有更多的幸福感和获得感。

陈培永教授：

习近平总书记还讲了，就是实现"中国梦"啊，三个方面比较重要。第一个方面，一定要坚持中国道路；第二个方面就是要弘扬中国精神；第三个方面就是要凝聚中国力量。这三个方面其实是支撑整个"中国梦"实现的法宝。

张国祚教授：

恩格斯有一句名言，他说："一个民族要想站在科学的最高峰，就一刻也不能没有理论思维。"这句话非常深刻。我们想一下，社会主义潮涌 500 年，它每一个前进的节点，不是靠着理论作为先导吗？空想社会主义是个理论，但是它无法变成现实，直到《共产党宣言》的问世。《共产党宣言》，标志着科学社会主义理论的诞生。随后，十月革命一声炮响，靠的是什么呢？仍然靠的是理论，这个理论，就是列宁主义。没有列宁主义，就没有十月社会主义革命的胜利。那么南湖的红船，靠什么呢？依旧靠的是理论，这个理论就是马克思主义和中国实际相结合所产生的毛泽东思想。正是在毛泽东思想的指引下，我们推翻了帝国主义、封建主义、官僚资本主义三座大山，建立起了新中国。到了社会主义建设时期，我们靠什么呢？还是要靠理论。所以，当我们说如何实现中华民族伟大复兴呢？首先我们就要有科学的理论为指导。

理论是重要的，但理论不是万能的。在理论的指引下，我们还需要营造两个方面的良好氛围：一个是国内的，就是如何凝聚全国的力量，使大家"心往一处想，劲往一处使"，朝着中华民族伟大复兴的目标顺利推进。另一个是国际的，我们肯定要营造一个良好的国际环境，我们要广交天下的朋友。现在我们实行的"一带一路"国际合作，就是一个非常好的、营造良好国际环境的倡议。概括来讲，任何国家都需要两条腿走路，一条腿是物质硬实力，一条腿是文化软实力，两者都不可或缺。这两方面都强起来了、都硬起来了，我们就会朝着中华民族伟大复兴这个目标，前进得更快、更稳、更坚定。

主持人：

这个伟大的梦想，需要有伟大的精神作支撑。从"站起来"到"富起来"再到"强起来"，中华民族正在以大国的雄姿屹立在世界民族之林！

杨蕾博士：

这是社会主义在中国的一个生动写照。实际上，自从托马斯·莫尔的《乌托邦》诞生以来，世界社会主义就像是一条奔腾不息的大河，时而飞流直下，时而缓缓前进，时而千回百转。但无论如何，它都一直在呼啸向前、奔腾不止、新潮迭涌。

张国祚教授：

当"中国梦"实现的时候，社会主义会达到一个"潮"的高峰，但并不是"潮"的终点。因为整个世界、整个人类社会将继续朝着社会主义的方向前进。过去马克思讲，只有解放全人类，才能最后解放自己，那个时候才能实现真正的大同。所以，我们要用我们的努力带动整个世界，朝着社会主义的方向发展。

陈培永教授：

社会主义之所以"潮"，是因为它顺应人类社会发展的潮流，它站在时代发展的潮头，它代表人类社会发展的航向。社会主义总是潮去潮又来，潮落潮又起，潮退潮又进，像潮水一般波浪式前进，让人充满无限的期待。

197

主持人：

确实"潮"，而且还是那么多的"潮"。社会主义，即便经历了"已是悬崖百丈冰"的考验，但是仍"犹有花枝俏"；即使有时看起来似乎"山重水复疑无路"，我们依然可以坚信"柳暗花明又一村"的那一天。

杨蕾博士：

所以我们说社会主义"有点潮"，实际上不是那么一点点"潮"，而是"很潮"。

主持人：

没错。社会主义，这是人类社会发展的一个必然走向。我们说的这个"潮"，它是正义之"潮"，是道义之"潮"，也是必然胜利之"潮"。你说不说它"潮"，它的"潮"都在那里。

张国祚教授：

是的，社会主义的发展到了一个新的高点。那么，这个高点告诉我们一个什么道理呢？社会主义是人类社会发展的必然归宿。为了使这个高潮向着更顺利的方向去发展，我们必须坚持"四个自信"。那是什么呢？中国特色社会主义道路自信，这条道路我们走定了；中国特色社会主义理论自信，这个理论我们始终坚持以它为指导；中国特色社会主义制度自信，这个制度不管别人怎样去说，我们坚信它对中国是最适用的；中国特色社会主义文化自信，我们必须坚持，我们有上下五千年博大精深的优秀传统文化，我们有波澜壮阔的革命文化，我们有先进的社会主义文化。立足于这"四个自信"，中国特色社会主义就一定会发展得更好、更快，"中国梦"也一定会更早地实现。

主持人：

就让我们借用习近平总书记的话说，以中国特色社会主义为中流砥柱的世界社会主义，走过了"雄关漫道真如铁"的昨天，走到了"人间正道是沧桑"的今天，它也必将会走向"长风破浪会有时"的明天。社会主义"有点潮"，让我们撸起袖子加油干，向着中华民族伟大复兴"中国梦"进发，最后的胜利，一定属于伟大的中国共产党和伟大的中国人民，一定属于中国特色社会主义！亲爱的朋友们，我们的电视理论节目《社会主义"有点潮"》今天到此结束了，谢谢大家！

附　录
专家解读

讲好中国特色社会主义故事的成功尝试

杨胜群

全国政协常委、中共中央文献研究室原常务副主任

讲好中国故事，当前最重要的是讲好中国特色社会主义的故事。而要讲好中国特色社会主义的故事，必须适应形势发展的需要，拓展、深化内容，创新形式、手段。最近，由中共湖南省委宣传部、人民网和湖南教育电视台联合推出的六集电视理论片《社会主义"有点潮"》，在这方面作了成功的尝试，获得了很好的效果。

一是明确的问题导向。增强中国特色社会主义道路、理论、制度、文化自信，最关键的是要坚定社会主义的理想信念。中国特色社会主义的蓬勃发展，使广大青年学生越来越深切地感受到社会主义"有点潮"（意即新鲜和美好），但是世界社会主义运动出现的挫折、曲折和中国特色社会主义面临的种种挑战，又使他们对社会主义继续发展的前途命运不那么自信。为什么？主要是对社会主义发展的历史及其历史必然性不够了解，

203

对社会主义的科学性和先进性认识不够。该电视理论片以问题为导向，从"乌托邦是座什么岛？""《共产党宣言》是一本什么书？""'阿芙乐尔'号为什么开炮？""南湖的红船为什么能破浪前行？""中国特色社会主义'特'在哪？""'中国梦'是个什么梦？"六个形象设问切入，以社会主义发展各个阶段的标志性事件为线索，对世界社会主义 500 年发展的历史进程作了梳理，努力从世界社会主义 500 年理论与实践发展的大视野中，从社会主义与资本主义发展的历史比较中，说明社会主义在人类发展历史上，始终是最科学的、最先进的。并且，节目还总结世界社会主义运动曲折发展的经验教训，努力阐明社会主义之所以具有长久的生命活力，根源在于它不断吸收社会主义实践的新鲜经验和人类社会创造的一切有益的思想文明成果；世界社会主义运动之所以出现挫折、曲折，并不是因为社会主义思想和原则不行了，而恰恰是人们背离了社会主义的基本思想和原则所导致的。片中阐发的这些，正是当代青年消除种种困惑、夯实社会主义理想信念所需要解决的一些具体的思想认识问题。

二是面对面的对话交流。该片一改过去不少理论片居高临下、我说你听的说教架势，完全采取主持人与主谈嘉宾和主持人、主谈嘉宾与现场观众之间平等、面对面的对话形式。担任主谈嘉宾的，有长期活跃在群众中间的资深理论工作者，有从事相关理论教学研究的大学教授，还有从学校毕业不久的博士生。他们在对一些理论问题的阐述中，很好地结合了自己的工作、生活经历与感受，让听众、观众易于接受。主谈嘉宾的谈话，大都是采用讲故事的方式，用形象生动的故事勾勒历史，说明科学社会主义理论和运动发展的脉络。为了讲好故事，片中很多地方运用现代全息投影技术，模拟再现历史场景，比如当年马克思与恩格斯一起探讨问题的场景等，让人可感可触。为了进一步拉近与青年听众、观众的距离，主持人和主谈嘉宾使用了不少网络流行词汇，从而使这场"社会主义'有点潮'"的对话，不仅有了共同的感兴趣的话题，而且有了不少"共同语言"。

三是有理论深度和力度。理论片终归是理论片，好的理论片必须有一定的理论深度和理论阐释力度。该片将史与论较好地结合起来，史论纵横，在对世界社会主义 500 年发展历程的系统描述中，对社会主义从空想到科学、从一国实践到多国实践、从单一模式到多种模式发展的标志性理论成果，作了梳理和阐发。特别是对中国共产党在新的历史时期领导人民探索和完善中国特色社会主义所取得的新的理论成果，作了梳理和阐发。

当代中国"社会主义'有点潮'"，主要"潮"在中国特色社会主义道路、理论、制度、文化上。当代青年光有"社会主义'有点潮'"的感觉是不够的，还要真正了解和掌握中国特色社会主义的真谛。该片对"中国特色社会主义究竟'特'在哪里"，也就是"中国特色社会主义的要义主要在哪里"这一关键问题，从理论、制度、文化等多维角度，集中重点地作了阐述，清楚地说明中国特色社会主义是发展中国的必由之路，是实现中华民族伟大复兴的必由之路。该片鲜活的理论阐释，对青年学生提高关于中国特色社会主义的理性认识，增强"四个自信"，无疑提供了很好的思想启示。

"四个自信"的铿锵表达

路建平

新华社原副社长、全国人大外事委员会委员

古希腊阿波罗神殿的石柱上赫然刻着"认识你自己"！一个人要"认识自己"，一个民族也要"认识自己"。近日，由中共湖南省委宣传部、人民网、湖南教育电视台联合制作，在"台、网、端"热播的六集电视理论节目《社会主义"有点潮"》，就是在中国特色社会主义发展新阶段，引导广大群众特别是年轻一代更好"认识自己"，即认识真理与谬误、理想与追求、奋斗与牺牲、前进与挫折、"从哪里来，往哪里去"等问题，进一步坚定中国特色社会主义"四个自信"。

节目告诉人们，真理的力量是战无不胜的。黄河、长江自西向东，纵有千难万险，终能拥抱大海。自《乌托邦》诞生以来，世界社会主义就像黄河、长江一样，时而飞流直下，时而缓缓前进，时而千回百转。但无论如何，它都一直呼啸向前、奔腾不止、新潮迭涌。《社会主义"有点潮"》立足世界社会主义发展 500 年的壮阔历程，紧扣一个"潮"字，展示了社会主义从空想到科学、从理论到现实、从一国实践到多国发展的历史进程，彰显了社会主义在暗潮中催生新潮、在寒潮中涌动春潮、在低潮中孕育高潮、在浪潮中不断弄潮，潮退潮又进、潮落潮又起，像潮水一般波浪式前进的顽强生命力，自始至终昭示着"社会主义是人类社会发展的必然趋势""只有社会主义才能救中国""只有中国特色社会主义才能发展中国"等科学真理，用真理的伟力激励人们"不管风吹浪打，胜似闲庭信步"。

节目告诉人们，美好的理想是用来奋斗的。崇高的理想始终是指引历史前进的火炬，但"历史的道路不是涅瓦大街上的人行道"。实现伟大梦想，必须有前仆后继的接力奋斗和顽强拼搏。爱尔兰剧作家萧伯纳曾说过："生使一切人站在同一条水平线上，死使卓越的人露出头角来。"为理想和信仰寻寻觅觅，精神可嘉；为理想和信仰生命不息、战斗不止，舍我其谁？《社会主义"有点潮"》通过电视化、故事化的艺术手法，再现了从托马斯·莫尔、康帕内拉，到圣西门、傅里叶、欧文，到马克思、恩格斯、列宁，再到一代又一代中国共产党人用热血浇灌理想、用生命坚守信仰的伟大事迹，高分贝传播了社会主义必胜的理想信念，自始至终弘扬着顽强奋斗、不懈奋斗的进取精神，用昂扬向上的理想信念和深层激越的英雄风骨给观众来了一次深度的精神洗礼。

节目告诉人们，道路的选择是至关重要的。列宁曾把社会主义比喻成一座未经勘探、人迹未至的高山，认为社会主义建设需要艰辛探索。实践表明，中国走社会主义道路是历史的选择、人民的选择。在当代中国，坚持中国特色社会主义道路，就是真正坚持社会主义。就像《社会主义"有点潮"》主题曲所唱的那样："复兴路，康庄道，社会主义'有点潮'"，这个"潮"是真理之潮，也是道路之潮。《社会主义"有点潮"》，从"乌托邦是座什么岛？"到"'中国梦'是个什么梦？"，不逃避矛盾，不回避问题，既讲为什么一定要走中国特色社会主义这条"人间正道"，又讲为什么一定不能走改旗易帜的邪路和封闭僵化的老路，自始至终体现着对治国理政重大问题特别是道路问题的关切：在对热点敏感话题的辨析中拨开理论迷雾，引导人们坚定对马克思主义的信仰，对中国特色社会主义的信念，对改革开放和社会主义现代化建设的信心，对党中央的信赖。

有历史学家说，一切历史都是当代史。波澜壮阔的社会主义发展史，是一部不断唤起自信、凝聚自信、坚定自信、升华自信的发展史，本身就是一笔十分宝贵的精神财富。正视、挖掘、用好这笔精神财富，对于以新的精神状态和奋斗姿态把中国特色社会主义推向前进、激励全党全国各族人民踏上建设社会主义现代化国家新征程，具有十分重要的理论和现实意义。《社会主义"有点潮"》在这方面作出的积极探索，是适逢其时的，也是难能可贵的。

把"有意义"的事做得"有意思"

经济日报社副总编辑

2013 年 1 月，习近平总书记在新进中央委员会委员、候补委员学习贯彻党的十八大精神研讨班上，深刻阐明了世界社会主义五百年发展的曲折历史，指出，"社会主义思想从提出到现在，经历了六个时间段"，中国特色社会主义的思想源头和伟大实践都是与这一历史进程分不开的。《社会主义"有点潮"》这部电视理论片，以习近平总书记的深刻论述为历史线索和理论依据，以追寻社会主义发展进程为问题引导，以"乌托邦是座什么岛？""《共产党宣言》是一本什么书？""'阿芙乐尔'号为什么开炮？""南湖的红船为什么能破浪前行？""中国特色社会主义'特'在哪？""'中国梦'是个什么梦？"六个方面为切入点，以标志性事件为线索，以设问的形式，阐述世界社会主义从空想到科学、从理论到现实、从一国到多国、从单一模式到多种模式、从初步探索到不断完善的发展历程。其视角新颖，观点生动，令人印象深刻，体现了专题片创作者对世界社会主义五百年发展史的深刻把握。

以广大群众容易接受的方式，讲好"马克思主义的故事"，使马克思主义从"意义世界"走向人们的"生活世界"，把主流意识形态话语更好地融入日常生活话语，转化为人们的思想观念和价值理念，内化为人们自觉的行为方式和生活方式，是马克思主义大众化的一项重要命题。《社会主义"有点潮"》在这方面作出了有意义的探索。

——这部电视理论片以访谈为形式，不仅有诸位嘉宾的娓娓道来，更特别设置了现场提问互动环节，把话语权交给现场的观众，由观众与嘉宾现场互动。现场的观众不仅有中国学生，还有外国的留学生们，学生们以各自的视角谈论中国，谈论中国特色社会主义，在交流与对话中，为人们认识中国特色社会主义提供了新颖的角度和宽阔的视野。

——这部电视理论片避免了刻板空洞的话语，着力构建既体现马克思主义精神实质又契合社会大众理解力、既具有理论亲和力又具有情感亲近性的语言范式。在整个六期节目中，嘉宾们的表述是活泼生动、亲切自然的，没有晦涩艰深的概念，有的是接地气、有生活气息的用语。这些凝练大众话语的表达形式，增强了马克思主义的穿透力。

——这部电视理论片展现了理论的独有魅力，通过六集扎实的内容呈现了世界社会主义从空想到科学、从理论到现实、从西方到中国的发展进程，逻辑十分清晰，道理明白通畅。特别是在具体的叙述中，节目尝试更多地结合大众的生活聊马克思主义，从单一强调理论逻辑转向寻求理论逻辑和生活逻辑的统一，既有对马克思主义理论层面、思想政治层面的宣讲，也有马克思主义关于生活方式、人生价值、精神追求等问题及其解决途径的思考和解读，从而提高了马克思主义理论的现实感，有助于把马克思主义大众化传播引向深入、导向持久。

马克思主义理论本质上是与社会生活联系在一起的，而这种深刻的联系更需要以鲜活的形式来展现。《社会主义"有点潮"》通过生动活泼的节目形式，展现了科学社会主义理论的深刻意义，使理论不再枯涩，使真理更加透亮，使理论之泉汇成清新的雨露滋润心田、化为温暖的阳光照耀人生，这的确是一次很有意义的尝试。

理论进校园的匠心之作

邓纯东

中国社会科学院马克思主义研究院党委书记、院长

在党的十九大胜利召开前后，为引导广大青年大学生更好把握习近平新时代中国特色社会主义思想，进一步坚定中国特色社会主义理想信念，坚定不移走中国特色社会主义道路，中共湖南省委宣传部、人民网和湖南教育台联合制作推出了六集电视理论片《社会主义"有点潮"》。这档专题片针对当代大学生的一些思想困惑和认知特点，创新理论宣讲形式，以真人理论脱口秀形式为载体，对青年大学生进行思想引领，收到了明显成效。

一、理论至信而深厚，深度解答青年困惑

专题片六集片名的设计就勾起了青年大学生们的极大

兴趣："乌托邦是座什么岛？""《共产党宣言》是一本什么书？""'阿芙乐尔'号为什么开炮？""南湖的红船为什么能破浪前行？""中国特色社会主义'特'在哪？""'中国梦'是个什么梦？"这些貌似耳熟能详的词汇组成的简单而别致的问题，您真的能回答出来吗？接下来，嘉宾们和主持人紧紧围绕这些问题，在讨论乃至争论中全景式地呈现问题及相关理论全貌。

比如，在第三集"'阿芙乐尔'号为什么开炮？"中，巡洋舰"阿芙乐尔"号首先在全息影像中"炮声隆隆"地驶进环形屏幕，让人为之屏息。可是接下来，嘉宾们将告诉您，这是沙俄时代一艘屡战屡败的悲情战舰，却承担了为十月革命打响信号炮的重要任务。随后列宁等关键人物开始在嘉宾们的热烈谈话和节目全息技术展现中登场，节目向观众次第展开了十月革命、内战胜利、新经济政策、卫国战争、社会主义建设直至亡党解体的整幅苏联历史画卷。观众们这才明白，原来"阿芙乐尔"号是历史长河中的一颗珍珠，拾起它，随之可有一整串珠链。阐明史实后，理论大戏正好登场，嘉宾们从不同的角度抽丝剥茧地剖析本集最关键的问题：苏联为何成功及最后失败的原因，廓清理论，还原真相。就这样，整套专题片以不同标志性事件为切入点，研究了世界社会主义500年壮阔历程中的若干重大理论问题，设问引人入胜，分析深入浅出。

二、思想虔诚而执着，引领青年理想信念

专题片坚持于人物中寓人生观、于叙事中寓世界观、于理论中寓价值观，激励富于创造精神的大学生对祖国和人民时刻怀有最淳朴和最真挚的情感，引导他们脚踏实地、实事求是，探究真理、开拓实践，将实现个人的梦想与实现中华民族伟大复兴中国梦联系起来，将青春热血与光芒挥洒在中国大地上。值得一提的是，现场回答大学生提出一系列问题时，嘉宾金句频出，大学生们会心一笑时又深悟哲理。

三、表达清新而活泼，引发青年关注共鸣

专题片以大学生熟悉并喜爱的真人秀节目形式录制，每集请三位嘉宾和主持人就主题进行自由探讨，在理论探讨中表达观点、坦露个性，以其学识魅力和个人魅力吸引青年、影响青年，在思想交流、碰撞中引发青年观众的共鸣与思考。目前来看，这种大型谈话类真人理论脱口秀在国内尚属首次，其收视率屡破新高完全可期。

讲好中国特色社会主义故事的
正确打开方式

曹建文

国家"万人计划"领军人才、《光明日报》理论部高级编辑

社会主义在中国的成功实践和拓展深化，不仅为中国人民从站起来、富起来到强起来的伟大飞跃开辟了根本路径，为广大发展中国家选择自己的发展道路提供了"中国方案"、贡献了"中国智慧"，同时也为我们继续推进社会主义建设铸就了坚强信心。党的十八大以来的这五年，以习近平同志为核心的党中央坚定不移推进社会主义建设，中国特色社会主义越发彰显其独特魅力，越发受到各国人民的认可和推崇。讲好中国特色社会主义故事，这是一篇大文章。中共湖南省委宣传部、人民网和湖南教育电视台联合制作的《社会主义"有点潮"》理论脱口秀电视节目，是做好这篇大文章的一次积极探索。

《社会主义"有点潮"》立足世界社会主义发展500年，突出坚持和发展中国特色社会主义、实现中华民族伟大复兴中国

梦这个主题，围绕"乌托邦是座什么岛？""《共产党宣言》是一本什么书？""'阿芙乐尔'号为什么开炮？""南湖的红船为什么能破浪前行？""中国特色社会主义'特'在哪？""'中国梦'是个什么梦？"这六个话题，通过设问，引人入胜，启迪思考。几位嘉宾深入浅出地回答这些重大问题，内容既权威准确又通俗易懂，解读既旗帜鲜明又润物无声，这对于宣传普及中国特色社会主义理论体系，使之更广泛地为群众所理解和掌握，必将产生积极的促进作用。

　　《社会主义"有点潮"》告诉我们：中国特色社会主义是历史的选择，牢牢占据着人类道义的制高点，这是社会主义之所以"潮"的力量之源。1516 年，托马斯·莫尔发表《乌托邦》，标志着空想社会主义的诞生。1848 年，马克思、恩格斯发表《共产党宣言》，标志着科学社会主义的诞生。1917 年，十月革命的胜利，第一个社会主义国家苏维埃俄国正式建立，标志着社会主义开始登上世界舞台。1921 年，中国共产党的成立，标志着社会主义正式进入东方。1949 年，中华人民共和国的成立，使社会主义开始突显"东方意蕴"。改革开放的开启与深度拓展，使社会主义被赋予鲜明的"中国特色"。党的十八大以来这五年，以习近平同志为核心的党中央，不断深化和拓展中国特色社会主义这一主题，推进中国特色社会主义进入新的发展阶段。从这几个重要时间节点可以看出，从历史深处走来的社会主义，在神州大地生根发芽、茁壮成长，虽经迂回波折，终能春潮涌动，就是因为社会主义牢牢占据着人类道义的制高点，是"科学社会主义理论逻辑和中国社会发展历史逻辑的辩证统一"。

《社会主义"有点潮"》告诉我们：中国特色社会主义是人民的选择，始终坚守着以人民为中心的核心价值取向，这是社会主义之所以"潮"的动力之基。社会主义在中国的近百年探索，其之所以能不断释放出巨大的影响力和凝聚力，不断创造中国发展的奇迹，不断得到人民群众的衷心拥护，从本质上说，是因为我们从根本上解决了社会主义发展动力从何而来的问题。这个发展动力的基石，就是始终坚持以人民为主体，把激发人民群众的主体能动性、调动最广大人民群众的积极性作为发展中国特色社会主义的根本途径。始终坚守以人民为中心的核心价值取向，把实现公平正义、增进人民福祉作为根本出发点和落脚点，把人的全面发展、社会的持续进步、民族的伟大复兴统一于中国特色社会主义实践中。在发展为了谁、发展依靠谁、发展成果由谁共享等一系列发展的关键问题上突出了"中国特色"，创造了"中国奇迹"。

《社会主义"有点潮"》告诉我们：中国特色社会主义是时代的选择，时刻彰显着中国共产党人的自信担当，这是社会主义之所以"潮"的活力之本。在新的历史起点上，我们如何进行具有许多新的历史特点的伟大斗争、推进党的建设新的伟大工程、推进中国特色社会主义伟大事业，实现中华民族伟大复兴的中国梦？"中国特色社会主义是发展中国稳定中国的必由之路""只有社会主义才能救中国，只有中国特色社会主义才能发展中国""中国特色社会主义是社会主义而不是其他什么主义"……党的十八大以来，以习近平同志为核心的党中央统筹国内国际两个大局，就坚持和发展中国特色社会主义发表的一系列重要论述，体现了对时代的精准把握，对责任的自信担当，是我们在新的历史条件下对中国特色社会主义充满信心的力量依靠，是社会主义之所以"潮"的活力之本。

《社会主义"有点潮"》的启示

张国祚

国家文化软实力研究协同中心主任

　　如何讲好社会主义故事，特别是中国特色社会主义故事，进一步推进马克思主义中国化、时代化、大众化，是当前理论工作者正在着力推进的一大课题。因此，六集理论电视片《社会主义"有点潮"》（中共湖南省委宣传部、湖南省教育电视台和人民网联合制作）一经播出，就在广大观众中引起热烈反响，收视率迅速上升为同时段电视节目之首，真可谓雅俗共赏、好评如潮。我们知道，在社会意识多元多样多变的当下，理论电视片很难和电视剧竞争，因为它缺少电视剧环环相扣、引人入胜的故事情节；很难和综合艺术电视节目竞争，因为它缺少名家荟萃、精彩纷呈的艺术表演；很难和电视新闻节目竞争，因为它缺少观众求新、闻知求早的信息需求。

　　那么，《社会主义"有点潮"》到底"潮"在哪里？它成功的奥秘究竟是什么，或者说它带给我们什么启示？简而言之，就是坚持"内容为王，衣着漂亮"的创作原则——在强调"内容为王"的同时，又强调"衣着漂亮"。通俗地说，就是要把好内容和好形式恰到好处地结合起来。内容有害，形式越有感染力，危害就越大；反之，再好的内容，如果形式干瘪生硬，就很难被人接受和欣赏，难免使其思想影响力贬值。《社会主义"有点潮"》恰恰因"内容为王"和"衣着漂亮"兼而有之且水乳交融，所以才能做到内容和形式相得益彰、相映生辉。具体而言，主要有以下几点启示。

抓住了人们普遍关心的重大主题。习近平总书记以深邃的历史眼光和宽广的理论视野深刻地指出，中国共产党领导中国人民取得的伟大胜利，使具有 500 年历史的社会主义主张在世界上人口最多的国家成功开辟出具有高度现实性和可行性的正确道路，让科学社会主义在 21 世纪焕发出新的蓬勃生机。这一精辟论断，蕴含着共产党人的初心，蕴含着中国特色社会主义的伟大成就，蕴含着中国共产党对科学社会主义的世界贡献。同时这一精辟论述也从理论和实践上，引申出一系列历史悠久、意义深远、人们普遍关心的重大主题：究竟什么是社会主义？社会主义源自何处？社会主义好不好，是否代表了人类社会的发展方向？社会主义的来龙去脉究竟有过怎样的曲折与辉煌？《社会主义"有点潮"》就是紧紧围绕这一系列关乎中国乃至全人类命运的重大主题而展开，抓住 500 年来一些历史节点和一些代表性的重大事件，以生动有趣的故事切入，在深入浅出的议论中，深刻地阐述了共产党执政规律、社会主义建设规律、人类社会发展规律。

把握了正确的思想政治导向。自然科学中的"$1+1=2$"，全世界都没有异议。但是人文社会科学具有鲜明的意识形态属性，总是和特定国家特定政治制度密切相关，不能不强调政治导向。习近平总书记一再强调要坚定中国特色社会主义道路自信、理论自信、制度自信、文化自信。一言以蔽之，就是要坚定中国特色社会主义自信——这就是我们党必须引导人民坚持的正确政治导向。但是，我们不能否认理论和现实存在的"落差"，使人们对一些重大问题产生困惑，特别是还有一些别有用心的人挖空心思放大我们的缺点、问题和失误，卖力地唱衰我们的政治模式。那么，究竟什么是中国特色社会主义？我们究竟应该坚持和发展什么样的中国特色社会主义？怎样坚持和发展中国特色社会主义？习近平新时代中国特色社会主义思想之所以能应运而生，之所以能对中国化马克思主义理论发展作出巨大贡献，就是因为它敏锐地意识到这些重大问题，并能够给出科学的回答，使全党全国人民更加坚定"四个自信"。《社会主义"有点潮"》正是遵循这个正确的政治方向，纵论社会主义 500 年来从空想到科学、从理论到实践、从一国到多国、从挫折到成功的历程，从多个维度告诉广大观众，我们党坚定"四个自信"完全符合历史逻辑，而且底气十足。

强化问题意识，找准人民关切。问题是求知的前提，是心灵的探索，是兴趣的牵引。一个有针对性问题的提出，终究会得到有价值的回答。各种门类的人文哲学社会科学的表现形式千姿百态，但无不以自己的方式来回答各自领域的问题，或直接或间接、或直观或隐晦、或具体或抽象……提不出鲜明、深刻、发人深思的问题，就不会有震撼人心、征服人心的真理答案和艺术结晶。《社会主义"有点潮"》之所以引人入胜，就在于始终贯穿鲜明的问题意识。该片每一集的片名都是既有意义又有意思的重要问题。比如，"乌托邦是座什么岛？""《共产党宣言》是一本什么书？""'阿芙乐尔'号为什么开炮？""南湖的红船为什么能破浪前行？""中国特色社会主义'特'在哪？""'中国梦'是个什么梦？"人们一看这些片名，马上就会引起一系列思考。比如，一看片名"乌托邦是座什么岛？"马上就会联想起平时遇到的一些困惑：乌托邦怎么就和岛联系起来了？是谁提出的"乌托邦"理念？这个理念有什么意义？有些人把共产主义理想也说成是"乌托邦"，对不对？比如，一看片名"中国特色社会主义'特'在哪？"，人们马上就会联想到中国改革"摸着石头过河"的艰难历程，联想到对"中国特色社会主义是个筐，什么都可以往里装"的误解，于是观众自然就很想知道这部片子是怎么解释这个"特"的。显然，一联想到问题，就很容易吸引观众试图把问号拉直，从片中寻求答案，沉下心来一看究竟。而节目中的访谈嘉宾面对问题不避不绕、不躲不闪，敢于直面焦点、正面回答，使观众"解渴"、"过瘾"，极大地增强了吸引力。

创新访谈形式，讲好有趣故事，用好电视艺术。访谈能促进有针对性的交流，故事最容易调动受众思想情感，艺术可以

223

增强理论的感染力。《社会主义"有点潮"》的访谈嘉宾，既有能稳住阵脚、发挥中流砥柱作用的资深专家，又有后起之秀、承上启下的年轻学者，也有初出茅庐、善用网络新潮语言的青年博士；既有主持人与嘉宾的访谈对话，也有大学生和嘉宾的现场问答；既有慷慨激昂的议论，也有娓娓道来的故事；既有严肃的论道，又有诙谐的幽默，更有资深专家针对青年学者访谈内容的深化和对有趣故事的理论升华。从制作技术手段看，该片利用了多种电视元素，既有现场访谈，也有现场视频；既有影视片段，也有文献资料；既有动漫演示，也有画外旁白；既有宏观场面烘托，也有微观特写镜头。特别新颖的是，节目还利用了全息技术，出现主持人与托马斯·莫尔的对话、与恩格斯的对话、与列宁的对话等，观众仿佛穿越时空隧道，与思想巨擘现场交流，极富历史性、启迪性、趣味性。由于该片采取多层次、多视角、多侧面的思想碰撞和多种艺术手段交叉的表现形式，调动了现场方方面面的积极性，使理论节目生动活泼，活力四射，形成了感染人、教育人的强力磁场。

理论是不断发展的，因为实践没有止境。同样，随着人们的创作水平和欣赏水平不断提高，艺术也需要与时俱进地完善。我们必须在习近平新时代中国特色社会主义思想的指引下，立足中国、放眼世界，保持与时俱进的理论品格，深刻认识马克思主义的时代意义和现实意义，锲而不舍地推进马克思主义中国化、时代化、大众化，不断推出深受人民欢迎的精品力作，使马克思主义放射出更加灿烂的真理光芒。

《社会主义"有点潮"》主题歌

1=D 4/4

♩= 94 深沉、憧憬地

肖正民　词曲

（i - 5 4｜3 2 5 -｜2̇ - 6 7｜5 4 2 -｜1 2 3 5 6 7 i 2̇｜3̇·3̇3̇ 3·3̇3̇

2̇ 6 7 6｜5 - 4 3 2｜1 - - -）｜♩= 80 mp
1 2 3 5 6 4 4 0 3 2｜1 - - -

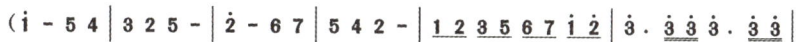

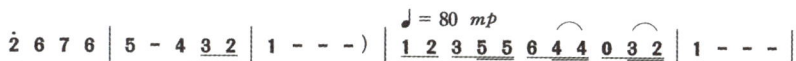

（男领）你从历史的深处　启　程，
（女领）你从思想的火花中　淬　炼，

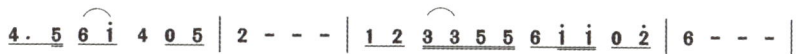

4·5 6 i̇ 4 0 5｜2 - - -｜1 2 3 3 5 5 6 i̇ i̇ 0 2̇｜6 - - -

带着雨，带着风；　　你从宽　广的大地上　前行，
撒向西，撒向东；　　你在血与火的洗礼中　歌　唱，

4·5 6 i̇ 4 0 3 2｜5 - - -｜5 3 2̇ i̇ 7 6 0 6｜5·5 6 7 i̇ 2̇ -

带着爱，带着　情。　从空想到科学，从理　论到现　实，
走过冬，走过　春。　从奠基到跨越，从特　色到繁　荣，

5·5 3·2̇ i̇ 5 5 4｜4·5 4 3 2̇ i̇ -｜♩= 94 mf
（1 2 3 5 6 7）

未　来未来并不是梦　并　不是　梦。
步　步都是中国　梦　都是中国　梦。

（合）i - 5 4｜3 2 5 -｜6·6 6 6 7 i̇｜5 - - -｜i - 5 4

天　苍苍，地茫茫，　社 会 主义"有点　潮"。　天　苍苍，
复　兴路，康庄道，　社 会 主义"有点　潮"。　复　兴路，

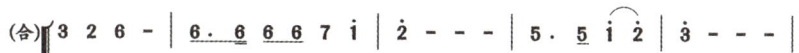

（合）5 - 3 2｜1 2 1 -｜4·4 4 4 4 5 6｜2 - - -｜5 - 3 2

（合）3 2 6 -｜6·6 6 6 7 i̇ 2̇｜- - -｜5·5 i̇ 2̇ 3̇ - - -

地茫茫，　社 会 主义"有点　潮"，　　社 会 主　义
康庄道，　社 会 主义"有点　潮"，　　社 会 主　义

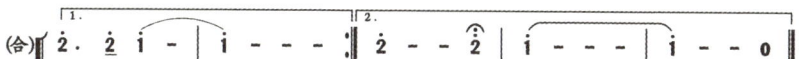

（合）1 2 3｜4·4 4 4 5 6｜5 - - -｜2·2 5 6｜7 - - -

［1.   ］［2.
（合）2·2 2̇ i̇｜3̇ - - -｜2̇ - - 2̇｜i̇ - - -｜i̇ - - 0

"有　点　潮"。　　　　　"有　　点　潮"。

（合）5·5 5 -｜5 - - -｜5 - - 5｜5 - - -｜5 - - 0

225

视频索引

227

策　　划：肖君华　王　彤　任　超
统　　筹：崔继新
责任编辑：刘江波　曹　歌　邓创业
责任校对：周　昕
装帧设计：王春峥

图书在版编目（CIP）数据

社会主义"有点潮" /《社会主义"有点潮"》节目组　编写 . ——
　　北京：人民出版社，2017.12（2018.7 重印）
ISBN 978－7－01－018671－9

I. ①社…　II. ①社…　III. ①中国特色社会主义－理论研究　IV. ① D610

中国版本图书馆 CIP 数据核字（2017）第 302576 号

社会主义"有点潮"

SHEHUI ZHUYI YOUDIANCHAO

《社会主义"有点潮"》 节目组　编写

人民出版社 出版发行
（100706　北京市东城区隆福寺街 99 号）

北京新华印刷有限公司印刷　新华书店经销

2017 年 12 月第 1 版　2018 年 7 月北京第 5 次印刷
开本：710 毫米 × 1000 毫米 1/16　印张：15
字数：147 千字

ISBN 978－7－01－018671－9　定价：55.00 元

邮购地址 100706　北京市东城区隆福寺街 99 号
人民东方图书销售中心　电话（010）65250042　65289539